◎ 福建省电化教育馆 2018 年度课题"基于混合式教学模式的研究"
（立项批准号 FJDJ1852,结题鉴定结果：优秀）

◎ 福建省教育科学"十三五"规划 2020 年度课题"互联网＋教育背景下教师信息素养提升的行动研究"
（立项批准号 FJJKXB20-977,已结题）

◎ 厦门市教育科学研究院 2020 年度厦门市首批名校(园)长工作室课题
"借助'线上''线下'教学融合,探索课堂教学的深度学习"
（证书编号：XMMX2020014,已结题）

智·慧学校

双线融合教学的探索

王志勤 等◎著

厦门大学出版社　国家一级出版社
XIAMEN UNIVERSITY PRESS　全国百佳图书出版单位

图书在版编目（CIP）数据

智·慧学校：双线融合教学的探索 / 王志勤等著
. -- 厦门：厦门大学出版社，2023.7
　　ISBN 978-7-5615-9010-2

　　Ⅰ．①智… Ⅱ．①王… Ⅲ．①中小学－教育模式－研
究 Ⅳ．①G632.0

　　中国版本图书馆CIP数据核字(2023)第101151号

出 版 人	郑文礼
责任编辑	郑　丹
美术编辑	李夏凌
技术编辑	许克华

出版发行　厦门大学出版社
社　　址　厦门市软件园二期望海路 39 号
邮政编码　361008
总　　机　0592-2181111　0592-2181406(传真)
营销中心　0592-2184458　0592-2181365
网　　址　http://www.xmupress.com
邮　　箱　xmup@xmupress.com
印　　刷　厦门集大印刷有限公司

开本　720 mm×1 020 mm　1/16
印张　18.75
插页　4
字数　286 千字
版次　2023 年 7 月第 1 版
印次　2023 年 7 月第 1 次印刷
定价　58.00 元

厦门大学出版社　　厦门大学出版社
微信二维码　　　　微博二维码

童心向党 代代相**传**

心气和 韵美校园

活力四射 乐享童年

劳动实践 润泽心田

纳 **新** 吐故　细化管理

慧心正 **思**　善言立行

强 身健体 立志成才

轻舞飞扬 艺术人生

数字演武

  百年大计，教育为本。厦门市演武小学是一所拥有近百年历史的美丽学校，学校环境优美，设施先进，教师团队优秀，教育资源丰富。近十年，全球科技发展突飞猛进，科技改变了人们的生活，也在改变着教育，在线教育由此迎来了快速发展期。演武小学这所传统优质校并没有止步于已有的成绩，她顺应时代，呼应师生的成长成才需求，努力创建现代新型学校，勠力实现教育数字化转型。

  智慧校园即智慧化的校园，也指按智慧化标准进行的校园建设。演武小学在智慧校园的建设上全面规划，坚持从本校实际出发，轻装上阵，自主研发，打造了高效简洁的智慧校园系统。学校依托两个省级课题，激发了教师们实施混合式教学的主动性，提高了全体教师的教学研究能力，技术赋能使演武的课堂更加灵动、有效。同时，演武小学作为厦大附属小学，也借助高校资源优势，邀请教授专家团队进校授课，指导课程开发，助力学生信息素养提高，在学校信息化建设方面硕果累累。可以说，演武小学在智慧校园的建设上起步较早，规划得当，过程清晰，统筹推进，为其他学校提供了很多可复制的经验。

  混合式教学，即将在线教学和传统教学的优势结合起来的一种"线上""线下"相融合的教学。这种教学方式要求老师在课程设计和知识传递中，将课堂教学与信息技术进行融合，使教学过程结合"线下"（面授学习）和"线上"（网络学习），学生可根据自己的学习进度、能力水平，结合教材、设备、工具，提高学习效率和成绩。演武小学的混合式教学研究不仅有教学方式上的创新：使用微课、AI 辅助教学，更在教学中融合线上检测数据，明确线下

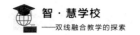

教学方向。学校开发了大量线上学习资源，实现"线上""线下"两端教学优势互补，不断提升学生核心素养。学校还为师生搭建了线上交流平台，让学生和老师实现远程学习和教研，为师生素养提升提供了数字化舞台。值得一提的是，演武小学还构建了网络研究共同体，通过协作圈的交流平台将这些有益尝试分享给片区内的其他学校，还为甘肃和宁夏的姐妹校开展了远程支教活动。

教师和学生是学校的主体，是教育与教学工作的核心元素。教师教学有智慧有激情，学生学习有方法有动力，是办好一所学校的基本要素，也是决定其办学高度的核心要素。演武小学对这一点有深刻的认识。学校注重教师和学生的成长，不仅强调对学生个人知识与能力的培养，建立360°学生评价制度，对学生在校内外的点滴进步进行过程性评价与褒奖，也通过建立360°教师评价系统，激励教师不断成长。学校还构建出了适合演武教师的"四格三环五阶梯"教师专业发展机制，组建"骨干引领、学科联动、团队互助、整体提升"的研修共同体，为这些"四格"教师创设多级发展平台，助力教师专业发展。

演武小学的智慧学校建设，不仅有顶层设计，更有具体的实践、探究和评价。学校在"养正开新"办学理念的引领下，在"探索'线上''线下'教学融合，有力提升学生核心素养"的研究实践中，将智慧学校建设与立德树人根本任务相契合，与校园文化相融合，与教师队伍建设相贴合，与课程改革相结合，探索形成了一条五育并举培养社会主义建设者和接班人的可行路径，赢得了社会的广泛赞誉。希望演武小学的智慧学校建设经验，为更多学校的数字化转型提供积极借鉴。

福建省教育管理信息中心主任，教授

2023 年 5 月

养正开新　智·慧演武

演武小学是一座美丽的学校,它依山傍海,与闽南名刹南普陀寺、厦门大学毗邻,人文气息浓郁。演武小学也是一所传统优质学校,办学历史悠久,作为厦门市首批省级文明学校之一,从1991年始连续创建三轮省级"文明学校"。2019年,演武小学改扩建项目全面启动,并于2022年完成了大学路校区改扩建项目,进一步改善办学条件,为学生提供了更好的运动、学习环境和更加优质的教育服务。演武小学还是一座求实求新的学校。从校园整体功能设计到学校智慧平台的构建,再到教师和学生的360°评价体系,无处不体现学校管理团队的巧思,也让每一个进入演武校园的人都能感受到蓬勃生机和向善向上的校园之美。

2020年,厦门市教育局启动了智慧校园建设,演武小学成为为数不多的"三星智慧校园"之一。智慧校园建设的首要目标是落实立德树人根本任务。习近平总书记指出:"国无德不兴,人无德不立。"建设智慧校园,要紧紧围绕立德树人根本任务,着眼于培养德智体美劳全面发展的社会主义建设者和接班人的育人目标。演武小学在深化教育改革的过程中,始终坚持把立德树人的成效作为检验学校一切工作的根本标准,努力构建科学的学校制度体系,打造与时代接轨、贴近师生的课程体系,大力提升办学水平,在校园日常践履"演武修文,学小成大,养正开新"。

本著作是一所学校传承文化、不断开拓创新的见证。在这本著作中,王志勤校长带领教研管理团队对演武小学在智慧学校建设方面的成功尝试进行了凝练总结,写作立足校情,厚植"养正开新"办学理念,追溯学校办学历史,以福建省义务教育教改示范性建设学校项目"探索'线上''线下'教学融

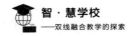
合,有力提升学生核心素养"的研究为线索,全面展示学校信息化建设成果,结合办学思考和实践,展示了"养正开新"办学特色。"养正开新"源于演武小学悠久的历史,来自学校的教学实践,来自学生和老师。在近些年的智慧学校建设中,演武小学以"养正开新"办学理念为引领,加之两个省级研究课题的推进实施,在教学管理、队伍建设、课堂教学等过程中积累了一些成功经验,颇具推广价值,也很有指导性和可操作性。

在这本著作中,读者可以看到演武小学近百年的成长历程,读到"养正开新"办学理念的历史溯源、目标体系和实施路径,了解学校落实立德树人根本任务,推进德育体系建设,用多元德育书写"时代命题",亲身体验演武小学自主研发的智慧校园平台。演武小学围绕智慧学校建设,运用信息化工具,助力学校的文化建设、管理制度建设、课堂教学落实、教师成长、课程方案优化、家校共育,硕果累累。

"演武"一词源于演武小学坐落于郑成功操练水师的原演武池旧址。研读本著作,你会发现演武小学正在推进的双线融合教学的探索不也正是教改的"演武":顶层设计方能谋得未来的根基;顺应时代进行信息化建设好似加载了学校发展的助推器;真正以教师专业发展和学生五育并举为出发点,才能打造师生幸福的智慧学校。演武师生向我们展示了一幅团结奋进的美丽画卷,给了我们一个生动的教改样本,相信他们的成功探索能为其他学校带来更多的启示。

福建省教育科学研究所基础教育研究室主任,研究员

2023 年 5 月

前　言

厦门市演武小学迄今已有 98 年的历史。近十年,学校赓续与厦门大学的渊源,涵育了"养正开新"的学校文化,依托福建省义务教育教改示范性建设学校项目"探索'线上''线下'教学融合,有力提升学生核心素养"的研究,借助信息化建设赋能学校发展,打造智慧学校,助力学生核心素养提升。智慧学校建设已成为演武小学一张靓丽的新名片。

演武小学于 1925 年开办,并于 1984 年迁址到民族英雄郑成功操练水师的原演武池旧址,把校名正式改为演武小学。

诺贝尔奖获得者杨振宁曾就读于演武小学。1994 年 8 月,杨振宁参加在厦门大学召开的学术会议时,与母校师生代表亲切交谈,并写下"好好读书,创造美丽的未来",以此来勉励师生。

中国高等教育学的开创者、厦门大学知名教授潘懋元曾在这里任校长。这里还走出了郑兰荪、田中群等多名院士。

2014 年,当代著作作家、诗人余光中先生为学校题词"演武不忘修文",以期学校能培养出更多的文武兼备、智勇双全之人。

培养"主动、健康发展的人",创建现代新型学校,是社会和时代赋予的使命,学校必须实现整体转型。基于这些认识,演武小学传承鼎新,将"养正开新"作为学校转型期的文化核心。在此基础上,学校确立了"演武不忘修文,学小不忘成大,养正不忘开新"的校训,为孩子们的生命成长插上了自由翱翔的翅膀。

2020 年,厦门市教育局启动了智慧校园建设,演武小学成为为数不多的"三星智慧校园"之一。2018 年,演武小学"探索'线上''线下'教学融合,有力提升学生核心素养"项目成为福建省义务教育教改示范性建设学校项目。2018年,"基于混合式教学模式的研究"成为福建省省级课题。2022年,"互联网+教育背景下教师信息素养提升的行动研究"成为福建省教育科学年度规划课题,这两个课题研究有力地提升了演武小学智慧学校的建设水平。

本书名为"智·慧学校",缘何将"智"与"慧"分开释义?其蕴含了演武小学建设智慧学校的丰富文化内涵。所谓"智",取自学校的办学文化——"修文启智",从"教育"的意义看,其意为教育要立足学生,让学生成为学习的主体,实现五育并举,融合发展;从"素养"的意义上看,其指向学生在学习中,经历初阶思维向高阶思维的逐次迈进;而从"技术"的层面看,它还指向广泛运用和革新现代信息技术,拓宽教育路径,通过数字赋能,提升学校办学的实效性。所谓"慧",取自学校的办学文化——"慧心正思",从"教育"的意义看,其意为培养具有端正思想、美好品格的人;从"素养"的意义看,其意为通过学习,学生能形成适应社会生活并实现终身发展的核心素养;而从"技术"的层面看,它还具有在数字时代,正确选择并驾驭信息技术,而不误入歧途的含义。

在本书中,我们对演武小学智慧学校建设进行全面总结,希望能为其他学校提供可复制的经验。

首先,教学中融合线上检测数据,明确线下教学方向。学校在线下教学过程中,充分利用线上检测数据,使教育工作更具有针对性,更加聚焦核心素养,从而促进了学生核心素养的全面提升。

一是依据课前检测数据,确定教学思路。在实施教学之前,教师利用电子书包的"预习"和"闯关"功能,通过精选习题,让学生限时完成。教师查看自动生成的正确率、错误率,能精准地得知每道题的难易程度,并了解学生的学习困难点在哪里,从而使课堂教学做到有的放矢。

二是借助课堂检测,实现分层学习。教师使用电子书包进行实时检测,再依据检测结果发现学生存在的问题,了解他们对知识的掌握情况,再来进行分层教学。最后,通过师生之间、学生之间的互动,实现难点突破、知识拓展、能力提升。

其次,融合线上学习资源,让学生在线下做到自主学习。学校开发了大量线上学习资源，实现"线上、线下"两端教学模式优势互补，不断提升学生的核心素养。

一是开发微课资源，辅助线下学习。学校针对线下学习的局限性，发挥线上学习的优势，做到聚焦核心知识，实现对课堂教学的"承接"、"挖掘"和"启发"。学校连续举办了27届"演武杯"教学评比活动，紧跟当下热点教育话题对"演武杯"进行迭代升级，开展符合演武特色的"学·思·行"课堂教学模式研究，强调现代信息技术在课堂教学中发挥的作用，激励教师提高课堂效率，促进学生核心素养发展。

二是借助差异资源，提升学生自主学习能力。为了提高导优辅差的实效性，学校开发出有差异度的线上学习资源，并将之推送给不同层次的学生。如为学困生开发"学前准备""简化知识结构""有效预习"等资源，旨在消除他们焦虑和压抑的心理。而针对能力较好的学生，则开发和推送思维性强、综合性强、运用性强的在线学习资源，拓展其知识面，激发其求知欲。

再次，创客中心以"线上""线下"融合助力学生信息化素养提升。在近日结束的第五届厦门市中小学创客大赛中，演武小学有百人入围第五届创客决赛，最终取得一等奖25人次、二等奖31人次、三等奖16人次的好成绩，这些都是创客中心的辛勤努力结出的硕果。

从2020年12月开始，学校成立"演武养正创客中心"。厦门大学的教师也成了演武小学的"智慧库"。在学校的"创客"培养过程中，厦大信息学院派出多名教师，他们每人与一名演武小学教师结对，形成"1＋1"培育模式。教师们共同指导小学生在人工智能、无人机、3D、物联网等多个领域的学习，帮助孩子们叩响高新技术的大门。

复次，线上交流平台成为师生素养提升的舞台。学校搭建线上交流平台，让学生实现远程学习，让教师实现远程教研，从而为师生素养的提升提供了信息化的舞台。

作为片区的中心校，作为演武小学教育共同体核心校、思明区关于教育部"基于教学改革、融合信息技术的新型教与学模式实验区"建设的领航校，演武小学除了开展线下教研活动，还通过协作圈的交流平台，分享资源，策划线上活动。学校作为电子书包协作圈的成员,与厦门市第二实验小学、人民小学、民立小学组成协作圈。学校坚持与这些合作校共同研究,开展线上评课活动,并与线下的主题活动相结合,实现"线上""线下"有机融合。在区教育主管部门的牵头下,学校还与甘肃临夏回族自治州的建国小学、新集中心小学及宁夏回族自治区的四所学校结成手拉手姐妹校,除了相互派出老师跟岗学习外,还开展远程支教活动,通过互动交流实现协同发展。

最后,建立360°评价体系,全面赋能学校发展。所谓360°,就是多角度、多维度。演武小学的360°评价模式已经实施7年,这项评价体系涵盖学校工作的方方面面。

学校以五育并举为评价原则,制定《演武小学360°学生评价管理制度》,对学生校内外的点滴进步进行过程性评价与褒奖。学校还发挥家庭评价的作用,鼓励家长积极参与到孩子日常习惯、校外体育锻炼、劳动教育等方面的评价中来,关注孩子的点滴进步与全面发展。360°教师评价以《教职工奖励性绩效工资分配方案》为基础标准,同时参考教师职务职称,在此基础上,充分利用信息技术,记录教师入职以来的人事档案与专业成长路径。该评价体系从教师的师德、德育工作、教学能力、教科研成果、指导教师与学生取得的成绩等方面进行全面考核,形成过程性、综合性评价方法。

学校还运用大数据+云计算+移动互联网技术构建课堂教学管理平台。平台记录课堂40分钟教学过程数据,并依托SOLO分类理论,对每个学生实际学习水平进行精准测评;通过数据说话,使教师获得教学反馈信息,为主动调整课堂教学进程找到依据。学校还开发了成绩分析系统。该系统对学生每学期期末各学科的学习情况进行云端统计及可视化分析,从而为学生差异性辅导、班级情况分析等工作提供了数据支撑。

他山之石,可以攻玉。希望本书能够为广大基础教育界同仁的研究与实践提供借鉴。

王志勤

2023年3月

目　录

第一章

育人·立德：
智慧学校建设

厦门市演武小学以"养正开新"为文化核心，构建育人图谱，聚焦学生核心素养，打造灵动的课堂；以省级课题"基于混合式教学模式的研究"、"互联网＋教育背景下教师信息素养提升的行动研究"及省教改项目"探索'线上''线下'教学融合，有力提升学生核心素养"为主线，提高学校的课题研究水平，落实育人目标。

养正开新正在成为一种扎根全校师生心灵深处的教育思想及生活方式，在这种教育生活中，教师形成自己的教育魅力，孩子获得幸福成长的隐形翅膀。演武小学正成为涵养师生生命正能量、开创师生生命新气象的强大的生命场。

| 第一节 |

文 化 润 校

教育的目的就是帮助孩子生长。为了追求更美的生命境界，演武小学传承鼎新，将"养正开新"作为学校转型期的文化建设特色及文化核心，鼓励师生"养正体，养正行，养正思；开新知，开新力，开新思"，以"演武不忘修文，学小不忘成大，养正不忘开新"为校训，涵养生命正能量，开创生命新气象，为孩子们的生命成长插上自由翱翔的翅膀。

一、"养正开新"学校特色文化溯源分析

（一）溯历史之根

厦门市演武小学位于厦门市思明区，学校依山傍海，与闽南名刹南普陀寺、厦门大学毗邻。演武小学创办于 1925 年，"厦门大学附属模范小学"是她最早的前身。1929 年 8 月，学校改名为厦门大学实验小学。1946 年夏，厦门大学从长汀迁回厦门，教职员工子女到市区就读不便，且厦大教育学系学生有开展教育实验的需要，但彼时教育部规定只有设师范学院的大学才能附设小学，厦大只有教育学系不能附设。为此，厦门大学汪德耀校长到教育部汇报情况，教育部批准复办厦大附小，名为"国立厦门大学附属小学"。1949 年 12 月，"养正义务小学"于南普陀寺原佛教养正院院址成立，校名中的"养正"，源自南普陀寺 1934 年创办的养正院，顾名思义就是颐养正气，期盼"蒙以养正"。1952 年 9 月，"国立厦门大学附属小学"与"养正义务小学"合并，学校改公办，更名为"东澳小学"。1984 年 6 月 18 日，学校正式迁址于民族英雄郑成功操练水师的演武池畔，为纪念郑成功的历史功绩，市政府将东澳小学改名为"厦门市演武小学"。2009 年，厦门市演武小学与厦门大学签订了共建协议，第二冠名"厦门大学附属演武小学"。

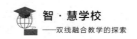
当代著名作家、诗人余光中先生曾于 2014 年 10 月 26 日为演武小学题词"演武不忘修文",以期演武小学培养出更多的文武兼备、智勇双全之人。综合学校历史沿革、社会对人才的需求以及 6～12 岁学生的发展需求,学校传承鼎新,进一步丰富了学校文化内涵,确立了"养正开新"这一学校文化核心,希望其能引领学校文化建设向纵深发展。

（二）溯区域之源

演武小学毗邻千年古刹南普陀寺,面对厦门大学、国家海洋局第三研究所,背靠厦门理工学院思明校区,依在厦门港边,处于厦门文化积淀深厚的区域,历史、社会、自然资源丰富,生源很大一部分是大学教职工及海洋研究人员的子女。生源质量较好,家长对学校的期望较高,会主动介入学校的教育。学校文化土壤厚实宽广。在演武,孩子们从来都不缺乏向校外探索的机会,这不仅得益于学校丰厚的育人资源,也源自学校文化不断向外延伸的影响力。

（三）溯学校之求

自创办以来,学校一直以电化教学为核心开展教育教学研究,辟出了一条信息技术与课程整合的探索之路。教育部曾授予学校"全国中小学现代教育技术实验校"牌匾。信息技术与学科课程整合研究是演武小学的龙头课题,为此学校成立了由校长牵头的专门的领导小组,汇集学校各学科骨干教师及信息技术教师成立实验小组,并成立课题管理中心,对学校的各项课题实施管理、培训、指导、服务的多元化管理模式,通过常规督导、专项指导和跟踪反馈实行有效管理,使课题研究有序顺利地开展。在日常教学中,学校要求及时记录班级使用信息技术的情况,每学期进行汇总,各位教师撰写使用体会,总结经验教训。每年一届的"演武杯"现代教育技术评比活动成为检验和展示信息技术在教学中的应用实效的舞台。

（四）现状分析

得天独厚的地理位置给予演武小学独特的人文气质。2023 年,学校占地面积达 20361 m²,建筑面积 20218.41 m²,规模已扩大到 44 个班,教职员工 131 名,学生 2198 名。作为全国现代教育技术实验校,学校在原有十几年电化教学实验的硬件基础上,加大投入力度,有序地建立起与现代教育手段相匹配的教育设备环境，目前拥有网络多媒体教室 75 间。

演武小学先后被评为"福建省文明学校""福建省示范学校""福建省素质教育先进学校""全国红旗大队""全国现代教育技术实验校""全国学科'四结合'实验学校""厦门市文明学校"等。

近几年，演武小学陆续荣获"福建省教育信息化实验校""福建省义务教育管理标准化学校""福建省义务教育教改示范性建设学校""厦门市文明校园""思明区教师专业发展学校""厦门市依法治校示范校""厦门市绿色校园""厦门市垃圾分类示范校园""厦门市知识产权示范校园""思明区教育系统先进基层党组织"等称号，并蝉联六届含金量极高的"思明区教育教学优质奖"，2021 年 12 月更是荣获了"厦门市三星智慧校园"称号。

2014 年，学校成为思明区首批"智慧校园电子书包项目"实验校。项目开展以来，校园无线网络覆盖到全校，每个班级均能实现无线上网。日渐成熟的环境大大助力了电子书包的应用。学校借力区级重点项目智慧课堂的打造，与天闻公司进行校企合作，历时 8 年，持之以恒，共同探索智慧课堂的建构，开展全学科研究。用可视化、多样化的教学资源引发学生情感共鸣、丰富认知过程，用基于融合课程的教学流程再造，促进学生深度学习；培养了一批会用、能用、用好的不同层次的实验教师，在学习方式的转变上探索出一些模式和经验，同时辐射和影响更多师生引发对信息技术的关注和兴趣。

2020 年 12 月，演武养正创客中心成立。占地两个楼层的创客中心，设五个实验室，下属八个创客社团。学校全力支持信息中心创立演武养正创客中心，服务学校对科技感兴趣的学生群体，将学校打造成教育信息化先进校与创客教育特色校。

当"演武不忘修文，学小不忘成大，养正不忘开新"的校训精神在学校落地生根，"智慧学校"也结出丰硕的果实，芬芳满园。

二、"养正开新"学校文化建构目标体系

（一）"养正开新"学校文化思想缘起

为何以"养正开新"作为学校的文化核心呢？其背后的意图是什么？

提炼"养正",基于四方面因素:其一,学校开办初期曾名为养正义务小学;其二,《易经·蒙卦》云"蒙以养正,圣功也",可见养正对于孩童的重要性;其三,在习近平新时代中国特色社会主义思想的科学指引下,党领导人民全面推进中华民族伟大复兴,全面复兴中国传统文化。教育要固本守正,培养具有"世界眼光,中国灵魂"的新一代,"养正"是新时代的需求和呼唤;其四,小学是为人生打好底色、形成底蕴、认清底线的重要养成阶段,"养正体,养正行,养正思"将有利于学生打牢人生之根基,从而根正叶茂。

提炼"开新",基于三方面的考虑:其一,《礼记·大学》云"苟日新,日日新,又日新",意思就是要天天学习,更新自己的知识、观念等,学习是不断变化的动态过程,古人如此,今人更应如此。其二,中国特色社会主义进入了新时代,我们的教育也要有"时代感",拥抱改变,善于创新。其三,我们育人的重要目标之一是要培养具有创新特质的新一代,凡事能换个新的角度、换个新的思路,从而推动人类社会的发展。"开新知,开新力,开新思"是我们的核心追求。

（二）"养正开新"学校文化目标体系图

演武小学"养正开新"学校文化目标体系图如图 1-1-1 所示。

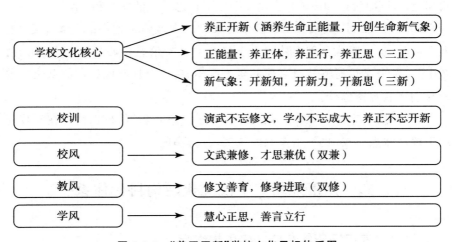

图 1-1-1　"养正开新"学校文化目标体系图

（三）"养正开新"学校文化具体内涵

"养正开新"学校文化的具体内涵如图 1-1-2 所示。扫描图 1-1-3 和图 1-1-4所示二维码可以视频了解"养正开新"释义，感受"演武"风采。

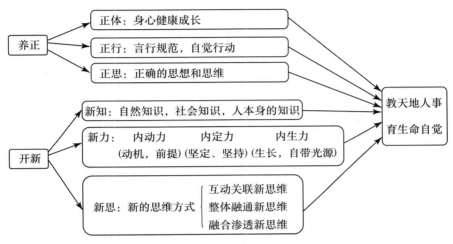

图 1-1-2 "养正开新"学校文化具体内涵

图 1-1-3 "养正开新"释义

图 1-1-4 演武风采

"养正开新"是演武小学的育人目标，"演武修文"是育人的路径，"学小成大"是育人的策略。我们期望沿着正确的路径，采用正确的策略，从而实现正确的育人目标。我们试图从学校、教师、学生三个层面来践行学校的特色文化(见图 1-1-5)。

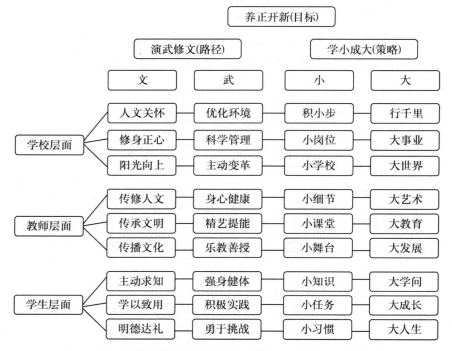

图 1-1-5　从学校、教师、学生三个层面来践行学校的特色文化

三、"养正开新"学校特色文化实施路径

（一）学校管理变革与领导力提升

本着"合并中层部门，实行功能整合"的原则，学校对中层组织机构进行了系统变革与重组。重组后的行政中层组织为课程教学部（原教务处和教科室合并）、学生发展部（原德育处和少先队部合并）、校务协调部（原办公室）、服务保障部（原总务处）。校务协调部及服务保障部由校长领导，课程教学部和学生发展部由两位副校长分管，四部形成咨询、参谋、指导、服务和协调系统。

首先，变革决策方式，由凡事"校长决策"变为部分事宜下移给"部门决策"。学校给校务协调部、学生发展部、课程教学部、后勤保障部配发了由公安局备案的正式部门公章，相关事务部门拥有决策权，可以颁发通知公告，开展相关活动。校长则关注动态，指引思路和方向。这也进一步增强了学校中层的责任感，使人人用心领悟"养正开新"的内涵。

其次，变革责任主体，由"部门负责"向"基层负责"转变。学校尝试下放管理权限，如建立年级管理委员会和学科研究委员会。教学副校长是学科研究委员会的总负责人，学科研究委员会下设语文学科研究委员会、数学学科研究委员会、英语学科研究委员会及综合学科研究委员会。由教学副校长及课程教学部三位主任分任学科研究委员会主任，教研组长为常务副主任，各备课组长及学科骨干担任委员，组织日常学科教研、业务学习、学科竞赛等，如新基础专题学习沙龙"相约周五"、校内磨课及生态圈研讨课活动就由教研组长负责组织。

最后，变革活动策划主体，由"部门策划"向"团队策划"转变。学校将原来学生发展部全程策划活动的权责下移给学科研究委员会和年级管理委员会，有意识地让基层负责人和团队在策划中成事进而"成人"。

（二）课堂教学变革与教师发展

首先，增加教学研究的广度和深度，成事又成人。学校努力为每一位处在不同梯队的教师提供成长的空间，这也激发了教师们的研究热情。语数英三个学科的教研组根据自身研究课题的需要，分别制定"基于表达能力提升的习作教学课型研究"、"'数概念'领域专题研究"和"优化语言运用的小学英语听说活动设计的实践研究"课题计划。这些课题与学校的学风目标"慧心正思，善言立行"有效关联，让学校文化在课堂教学中落地生根，化为学生的实际行为。

其次，优化课堂组织形式，核心问题贯穿始终。学校要求每一位教师能在教学中提出有可能调动不同学生基础性经验和启发性思考的大问题，然后以大问题引领小问题，根据核心问题展开教学，对上一教学环节中生成的资源做出梳理，形成新的问题。继而在解决一个个小问题的基础上合作探究，解决贯穿于这节课的核心问题。核心问题贯穿始终，课堂组织主动"五

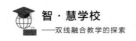
还"（还学习时间、还空间、还学习工具、还评议权、还提问权）的做法，可以把课堂还给学生，让课堂焕发生命活力。

最后，优化教学逻辑，打造活力课堂。以往的课堂，呈现"小步走""满堂灌"的现象，课堂教学多以"齐答"或"点对点的单一对答"的形式展开，缺乏活力。为此，学校要求全体教师要践行"五还"理念，尝试借助"有向开放—交互反馈—集聚生成"的教学过程逻辑，给予学生独立思考的时间和空间，教给学生思考、解决问题的路径，构建"互动与生成"的课堂教学文化，培养学生敢想、敢说、会想、能说的学习能力。为此，学校要求教师努力做到以下几点：以问题为核心，明确学习的意义，激发学生的学习需求；以探索为主线，经历发现问题、解决问题、寻找规律的过程，提高学生的学习能力；以资源为载体，以交流为契机，基于学生的立场，分层展示学生的学习资源，促使学生经历不懂到懂，将学习资源从半成品整合为成品的过程。

基于此，教师在课堂上逐渐有了重心下移的意识，也进一步明确了课堂教学的逻辑，学生间的差异资源成为宝贵的课堂学习资源，课堂上出现了学生多元化的智慧结晶，教学中的难点也得以有效突破。学生养正体、养正行、养正思，开新知、开新力、开新思，生命成长真实呈现在课堂教学之中。

（三）学生工作变革与学生成长

首先，实现班级建设的独特价值。在"养正开新"教育中，学校特别重视"班级建设"。"班级建设"即学生以班级为单位开展的社会性学习生活的学校教育实践。学校在班级实施班干部民主选举制、岗位轮换制和小班主任制，发挥每一个学生"参政""议政"的能力。此外，针对自己班级的情况，学生自主制定适合本班的班级管理制度，提炼班级特色，设计班徽，创作班歌……每一项小小的举动，都交织着学生的欢笑与感动。

其次，研究成长需要，创生多彩实践活动。学校把重心下移，最大限度地关注学生的成长需求，开展丰富多彩的主题活动，为学生搭建属于自己的生命舞台。主题活动包括"福娃过大年·弘扬年文化"活动、"小白鹭志愿者"活动、"点亮书香童年·放飞七彩梦想"读书节活动、"幸福童年毕业季"

等。其中，最有亮点的是与社区资源相结合的"小白鹭志愿者"活动。学校将实践课程与社会体验结合起来，与社区派出所、兴业银行、新华都超市等合作，开展"小小园艺家""小小银行家""小小交通员""小小超市收银员"等角色体验活动。

最后，立足学生立场，提升活动育人价值。在"养正开新"教育中，学校转变思维，关注学生生命发展，重视全员参与。学校开展的每次活动都立足学生立场，不断提升活动育人价值，使之成为让学生终身受益的成长资源。最有代表性的就是"大手拉小手"活动。学校多元融通，深挖跨级交往中内含的独特育人价值，将此方式延伸到学校的各项活动中，如读书节、心理健康月、体育节、科技节等。从单一学生的"大手拉小手"活动，到班级群体，甚至全校性的"大手拉小手"活动，都充分发挥了育人价值。

（四）多元融通，实现学生工作的常态化综合育人

学校以智慧学校建设为平台，改变原来的散点化碎片化的评价方式，构建新的评价体系，建立了360°学生评价制度，在日常生活和学习中从德、智、体、美、劳等方面对学生进行全面的评价，使评价能体现学生的生命成长。这是一套长期的、具有全纳性的评价体制，凸显了如下两个转变。第一，由单一评价转向多元评价。学校改革了评价团队，不再是班主任一言堂，所有科任教师，甚至社团老师、家长都有权利向学校主管部门申请奖励星。学生评价呈现多元的趋势。第二，由短暂性评价转向长效型评价。以往学生评价都是按照学年或学期划分，评价出现断层。而360°的评价机制能够记录学生在小学阶段的所有得星情况，长效型的评价机制让整个校园都充满活力。不同的评价方式兼顾学生的差异，让不同层次的学生都能在评价中感受成功和被关注的快乐。

四、"养正开新"学校特色文化践行掠影

（一）"正"心气和　韵美校园

一直以来，演武小学坚持行走在创造美的道路上，谱写了"环境更美、行

为更美、生命更美"的演武美丽三部曲。信步校园,绿荫环绕,鸟语花香,每一处风景都流露出文化的醇厚与芬芳:学校文化的核心理念化作清晰的文字,镶嵌在墙壁上,温润地滋养着每一个演武学子的心田。"廊道文化""成功之梯"……这些文化阵地让孩子们无时无刻不感受到德育的熏陶。这一脉文化的馨香,化作一股勃勃的生命力,溢满整座灵动的校园!

为了让学校文化理念的养分能够渗透到师生生活的点点滴滴中,演武小学构建了新的制度体系,为学校发展营造了新的空间。学校大胆地下放管理权限,有意识地进行扁平化网络管理,鼓励更多的老师参与到学校的管理中来,用心领悟"养正开新"的内涵,学校文化的根须得以向各个领域延伸。

学校相信,幼儿养性,童蒙养正,唯有养正才能育德。在这里,学生养成教育被赋予了新的活力:学校以"小处入手,细处着眼,强化训练,促进养成"的思路,积极开展学生行为习惯养成教育活动,引导孩子们"学小成大"。学校组织孩子们分层学习《中小学生日常行为规范》,观看《演武小学在校一日常规》视频等;实行多方位的360°学生评价制度,加强规范评比,组织竞争"飘扬的中队旗",做到"条条有检查,天天有评比,周周有小结,月月有进步"。让每一位演武学子都能明辨是非,涵养"三正",勇于"开新"。

(二)"活"力四射　乐享童年

演武小学充满内在生命力与生长力的校园文化,自然地酝酿出了蓬勃发展的学生文化。学校总是站在孩子们的角度来思考,尽可能让每一个孩子都能"开新知,开新力,开新思"。充分挖掘学校"四节一会"、社会性节日的育人价值,为孩子们搭建属于自己的生命舞台。从每一个孩子说说想过的读书节,到班级讨论想做的读书节,再到年段策划想展演的读书节,孩子们自主设计活动的意识悄然萌芽。

在演武小学,每一项特色品牌活动的背后都蕴藏着校园无穷的生机与活力。学校打造出了一支成熟的"五星级记者团",小记者们胆识过人,落落大方,不愧为演武小学一张响亮的名片;心理健康月、体育节、科技节等融入"大手拉小手"系列活动中,为校园品牌活动注入源源不断的创新力;各年段更是带领学生策划了"我开心，我是美丽演武人""我的花圃我做主""我为百草添绿""我为母校点个赞"等一系列精彩纷呈的特色活动，孩子们为自己的童年渲染上了最缤纷美丽的色彩！

值得一提的是，在校训诠释、校园电视台台名、校园卡通人物形象征集活动中，孩子们和老师、家长们纷纷为校园文化建设献计献策，确定了"演武池畔"校园电视台台名，"斌芽儿""点将台""演武之声"等栏目名，以及俏皮可爱的"小文""小武"校园吉祥物，为演武校训带来了更美的诠释。

在演武，孩子们从来都不缺乏向校外探索的机会，这不仅得益于学校丰厚的育人资源，也源自学校文化不断向外延伸的影响力。学校与厦港街道携手开展"港馨苑"实践活动；联合中华儿女美术馆，在孩子们的心中种下美的种子；"家长讲坛"则定期邀请家长们进校园，为学生拓展知识面；科技节活动上，家长们还带领社团进校，进行科普宣传……正是家、校、社的友好携手，才营造出了这片和谐幸福的育人蓝天！

（三）纳"新"吐故　欢趣课堂

为了让孩子们熟知并养成良好的学习习惯，学校组织教职工自编了一套儿歌，在寓教于乐的课堂氛围中，培养训练孩子们"会听、会看、会说、会写"的学习能力。

让学生的思维动起来，让课堂的互动活起来。老师们运用新基础教育倡导的"五还"理念，为学生提供独立思考的时间和空间，有效帮助学生"开新知"；倡导"教结构，用结构"的教学策略，带领学生亲自探索体验"结构"的规律，促使学生"开新力"；积极创设"核心问题"，引发学生积极思考，促进学生"开新意"。课堂的"小步走""满堂灌"现象不见了，学生们敢想敢说、会想能说了，温馨灵动的课堂文化正在这里生成。

演武的孩子们不仅能"文"，而且会"武"。学校拓宽生命课堂的教育渠道，积极开辟第二课堂，与区青少年宫、高校及社会机构等合作，成立了60多个丰富多彩的社团：民乐、管乐、美术、思维训练、棋类、舞蹈、合唱、篮球、田径、航模……孩子们在这里放飞个性，点燃梦想！

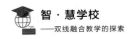
（四）潜"精"研思　谆谆育人

"修文善育,修身进取",演武小学的教师们追求自我成长的步伐从未停歇。

学校定期组织"两笔一画"等考核,夯实教师教学基本功;每学期举办"演武杯"岗位练兵活动,勉励教师们时时"精艺提能"。同时,学校构建资源平台,将丰富的优秀课例投放至平台,让老师们可以随时下载学习。以新基础课题实验为主线,学校在传播新基础教育理念的同时,也唤醒了整个教师团队盎然的生命力。

为了深化课题研究活动的开展,学校成立了由三个不同梯队教师组成的"助研团队",团队教师们在这里碰撞思维,创生智慧。

各学科根据学科特点和教师实际制定了相应的研究专题,利用"前移后续"的新型教研模式,把专题研讨作为教师群体共同发展的切入口,真正地把"成事"与"成人"结合起来,努力为每一位处在不同梯队的教师提供成长的空间。

怀着对教育教学的满腔热血,教师们积极地投入课型研究中,在促进自身发展的同时,也推动着学校特色课型品牌的形成。学校把教育信息化研究作为学校教科研的特色,通过课题引领持续26届的信息化赛事"演武杯"的实践研究。通过教师信息素养培训,以及信息中心统领,创客中心探索,各级竞赛练兵,日常课堂摸索的模式,学校在教育信息化研究上取得了丰硕的成果:在全国小学信息技术与教学融合优质课大赛,全国新媒体新技术教学应用研讨会暨全国中小学创新课堂教学实践观摩活动,福建省"新理念、新资源、新探索"信息技术与课程整合三优联评活动中屡获佳绩。

学校以省级课题"基于混合式教学模式的研究"、"互联网＋教育背景下教师信息素养提升的行动研究"及省级教改项目"探索'线上''线下'教学融合,有力提升学生核心素养"为引领,融合学科省级课题"基于学科核心素养的小学体育课堂学习评价的实践研究——以篮球和体操为例""基于大数据分析的小学体育课堂教学行为改进实践研究""STEM 课程的校本化研究""基于中国学生发展核心素养的小学信息技术课堂学习评价的实践研究",

搭建三级课题研究体系,形成有梯度多层级能聚焦的教育科研体系,开展全学科精细化研究,形成学校特色发展之路。将在线教学和传统教学的优势结合起来开展"线上"＋"线下"的混合式教学模式探索,通过不同学习方式的融合,通过多种媒体资源的优化设计和各种教学策略的使用,创设丰富的情境,促进学生的知识建构,激发学生的高级思维和认知,使学生形成对知识的理解和迁移,从而能够解决实际问题,实现深度学习。

数年辛苦耕耘,探索求新,学校挖掘了智慧课堂的新模式,不断积累经验,辐射影响到更多的地区和师生。从未停止探索步伐的演武小学正如鲲鹏展翅,向着美好开阔的智慧新时代乘风翱翔!

| 第二节 |

德 育 润 心

一、智慧教育点亮德育之光

教育是国之大计、党之大计。习近平总书记在党的二十大报告中指出"育人的根本在于立德",要求"全面贯彻党的教育方针,落实立德树人根本任务,培养德智体美劳全面发展的社会主义建设者和接班人"。

在基础教育阶段,坚持立德树人的根本方向,一是体现基础教育始终坚持社会主义办学方向,把培养社会主义建设者和接班人作为根本任务;二是要教导学生扣好人生的第一粒扣子,筑牢青少年学生的思想根基,引导学生树立正确的世界观、人生观、价值观。

当前,我国已踏上了全面建设社会主义现代化国家、向第二个百年奋斗目标进军的新征程,教育事业进入全面推进高质量发展新阶段。德育建设是学校办学的核心。面对新时代,如何理解和应对变化,主动拥抱智慧教

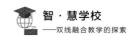
育,是新时代德育研究和实践的紧迫课题。

在智慧教育环境下,创新德育理念和工作方法,是发展新时代德育的有效途径。将数字技术与德育实践充分融合,通过智慧教学、智慧学习、智慧管理、智慧科研、智慧评价、智慧服务等方面的实践探索,推动对德育实践的科学化和创造性发展,有利于构建起德育实践的智慧教育体系,真正落实"把对广大青少年的道德品质教育融入到思想道德教育、文化知识教育、社会实践教育的各环节,贯穿到基础教育、职业教育、高等教育各领域"。

(一)中国式教育现代化的人本思想

党的二十大报告指出:"中国式现代化的本质要求是:坚持中国共产党领导,坚持中国特色社会主义,实现高质量发展,发展全过程人民民主,丰富人民精神世界,实现全体人民共同富裕,促进人与自然和谐共生,推动构建人类命运共同体,创造人类文明新形态。"

中国式现代化的目标是促进物的全面丰富和人的全面发展,既保障人民物质生活,又关注人民的精神生活。踏上社会主义现代化国家新征程,比以往任何时候都更加需要思想的引领、文化的滋养、精神的支撑。此时,教育的基础性、先导性、全局性地位和作用更加凸显。因此,满足人民美好生活需要,必须加快教育现代化。

"办好人民满意的教育"也体现了我国教育的价值立场。中国式教育现代化是坚持人民至上的教育现代化,秉持以人为本的价值取向,其核心是人的现代化,即教育主体现代化。在《中国教育现代化 2035》中,强调了"更加注重全面发展,更加注重面向人人"的理念。要做到全面、公平,需要借助现代先进教育思想和科学技术推动,改变教育思想观念、教育内容、方法与手段,通过科技赋能,更多地培养出适应新形势的高素质人才。

在"人本思想"引领下,演武小学构建"养正开新"教育理念,即以"涵养生命正能量,开创生命新气象"的校园文化核心,传承校园文化传统,结合时代特点,以省级教改项目"探索'线上''线下'教学融合,有力提升学生核心素养"为教改发力点,持续推进教育内容和教育方法的现代化,推进素质教育,培育学生核心素养,关注学生全面发展,培养社会主义建设者和接班人。

（二）构建新时代党管德育工作体系

中央组织部、教育部党组印发的《关于加强中小学校党的建设工作的意见》强调，把抓好德育和思想政治工作作为中小学校党组织重要任务，抓好学生德育工作，做好教职工思想政治工作，推进师德师风建设。

强化党对德育工作的全面领导，要健全党管德育的引领机制，形成抓党建促育人的协同效应。演武小学探索"党建＋德育＋文化"的创新融合，把党组织的思想政治工作、意识形态工作和学校德育工作紧密结合，通过重新梳理德育目标、德育内容、德育途径、德育评价，构建"横向贯通、纵向衔接、协同合力"的系统框架，形成管理育人、文化活动育人、教育教学育人、家校社协同育人的全员全方位全过程的育人体系。

积极发挥学校党建工作的德育功能，要促进党、团、队一体化建设，进一步建构"大思政"工作格局，统筹学校、家庭、社会等相关资源，发挥学校"小课堂"、社会"大课堂"和数字"云课堂"协同育人作用，让德育工作走向社会、走向实践，提高师生实践、体验、感悟能力，引导学生扣好人生第一粒扣子。演武小学积极开展"家长讲坛"，推进大中小学思政课一体化建设，探索"思政之大、知行合一"的育人新模式，携手各方资源，构建"行走的思政课堂"。

教师是将立德树人根本任务贯穿于教育教学全过程的主力军。强化党管德育的领导力建设，是提升教师的育人意识和能力的关键。《中共中央国务院关于全面深化新时代教师队伍建设改革的意见》指出："时代越是向前，知识和人才的重要性就愈发突出，教育和教师的地位和作用就愈发凸显。"为此，演武小学打造了以党课课堂、电化教育课堂、政治学习课堂、业务学习课堂为主体的"四大课堂"，引导教师勇担"为党育人、为国育才"使命，有效推动教师素质提升。

（三）赋予立德树人新的时代内涵

教育既是造就高素质劳动者、提高我国社会生产力的根本大计，又是关乎意识形态的上层建筑，是培育年轻一代世界观、人生观和价值观的重要舞台，是公民道德建设的重要阵地，是培育和践行社会主义核心价值观的主阵地。教育质量的高低,首先体现在立德树人上。新时代立德树人要求培养具有全球视野、世界眼光、人类情怀和创新精神的现代公民。要用平等、尊重、友爱的态度来看待这个世界,用欣赏、包容、互鉴的态度来看待世界上的不同文明,从人类命运共同体的视角,探索人类在科技发展中的地位、作用和发展方向,以不断改革的思路,适应"百年未有之大变局"。演武小学在德育工作中坚持贯彻立德树人理念,以"教天地人事,育生命自觉"为目标,关注学生身心健康、言行、思维的养成,引导学生习得"自然知识、社会知识、人本身的知识",激发内动力、内定力、内生力,形成互动关联新思维、整体融通新思维、综合渗透新思维等新的思维方式,成长为既能适应社会又能推动未来社会发展的人。

二、双线融合构建德育路径

在中国式教育现代化建设中,演武小学探索推进德育工作创新,通过"线上、线下"相融合的方式,坚持德育课程本土化、德育活动系列化、德育文化系统化,以课程、活动、校园文化建设为依托,营造良好的德育氛围,系统构建德育路径,统筹德育资源,形成合力,有效推动德育工作向纵深发展。

(一)德育引领课程育人

演武小学遵循"以人为本,立足发展,贴近实际,注重实效"的工作原则,梳理德育资源,注重实践体验环节,抓好德育课程建设,努力把德育做"实"、做"活"、做"亮",让德育工作不断焕发活力。演武小学参与了由华东师范大学终身教授叶澜所开创的"新基础教育"研究,理论研究者与演武一线教师在研究中"牵手",推进学校变革,促成理论与实践的有机互动,形成25节优质课。

在党管德育工作体系下,演武小学以学科为抓手,以德育为引领,以人才培养为核心,构建育人网络,形成德育处、少先队部为领头军,班主任、道德与法治教师为主力军,全体教师为教书育人、身兼双职的德育大军,实现课程培养目标与德育工作的融合统一。演武小学的课堂注重以德促学,以德助学，实现时时育人、全员育人，使学生的行为习惯和综合素质得到规范和提高。

演武小学加强顶层设计，架构学科课程德育体系，通过德育渗透的方式，优化校本德育资源，建设了体育、劳动、道德与法治等学科的校本课程，让课程适应和促进学生的发展。此外，学校在社团和特色传统活动的基础上，建设了如"小记者""数学智能训练""探究演武 寻访校友"等的特色校本课程。其中，通过与厦门市知识产权协会编写《知识产权知多少》校本教材，增进了学校师生对知识产权相关知识的了解，提高了他们的知识产权保护意识和创新创造意识，营造了尊重知识、尊重创造、保护知识产权的良好氛围。校本课程积极利用校内外资源，形成课程"菜单"，提供了丰富可选的学习素材，为学生个性的发展打造了更广阔的舞台。

演武小学积极探索"互联网＋德育"的教育新模式，制作"鸿雁传书·传递'信'的力量"、"让我们记住这些名字"两节思明区爱国主义空中课堂，广受好评。在纪念郑成功收复台湾360周年之际，演武小学携手厦门电视台成功举办"弘扬爱国精神，赓续成功文化"爱国主义大课堂，通过直播方式，获得近20万的点击量，社会反响热烈。爱国主义大课堂体现了线下研学实践与线上德育课堂的有效结合和相互促进，引导学生把根植家国情怀、培育文明风尚、强化责任意识、树立理想志向内化于心，外化于行，做到学用结合，知行合一。

（二）文化育人，养德于心

校园文化是德育教育的显性载体，通过学校教育理念的实体化表达，把德育转变为文化精神，溶于校园文化氛围中，是一种于无声处育人的德育渗透路径。

演武小学的校园文化建设，不局限于学校的宣传橱窗、标语牌等，还通过校园绿化、文化墙等方式让校园的每一个景观都发挥不同的育人功能。

1.传承弘扬中华优秀传统文化

演武小学的演武池校区坐落于演武池畔，一块温润的石头上刻着"演武不忘修文"的题词，这是台湾地区诗人余光中首次为大陆小学所作的题词，意在鼓励老师让孩子们多接触文学，特别是诗歌。学校特意挑选了块形似休憩中的天鹅的石头,刻下余光中的寄语,希望演武学子于演武池畔,安心学习,磨炼心性,陶冶情操,汲取中华经典的养分,接受文化滋养,待学有所成,振翅翱翔。

演武小学大学路校门采用篆刻中阴刻阳刻相结合的表现手法,以中国印呈现"养正开新"四个大字,期望孩子能从全局和整体出发看待事物,培养辩证思维,同时也期望孩子们积极传承和弘扬中国传统文化。

2."爱的教育"书写情谊

演武小学的操场上有一座雕塑,名为"爱的故事"。雕塑表现的是一位美丽的老师正给她的学生们讲述着动人的故事,唱着动听的歌谣,可爱的小音符环绕着他们。这是演武小学 65 届五甲班的毕业生们为了追念他们的班主任吴秀英老师而捐赠的。作为五甲班的学生们,他们在吴秀英老师的爱与教诲中长大了,并且取得了卓越的成就。学生们从未忘记那位在他们稚嫩的心田播种下希望和爱的吴老师,每年他们都会相约回到母校,感恩母校、感恩老师。他们还写下了一首赞美吴老师的诗——《师恩母爱永驻人间》。演武小学每年都在雕塑前举办班主任节,这一传统已延续了十三年。一代代演武学子和前辈一样,谢师恩,感悟大爱,把演武的师生情代代延续。

3.历史遗迹传承精神

演武池与厦大校园里的"演武场"一水一陆交相辉映,是当年郑成功操演水师与陆军的遗址。演武池边还有一块石碑,铭刻着民族英雄的历史,传承着大忠大义的爱国精神、敢拼敢搏的开创精神、通洋裕国的海洋精神。演武小学组织演武学子开展"行见演武"实践调研,从演武池畔出发,探寻"成功文化",倾听英雄故事,追寻英雄足迹。"演武精神"在代代学子的传承下越发丰富、厚重和深远。

4.文化墙体突出核心

在演武的校园文化建设中,为了让每面墙说话,达到"润物细无声"的效果,大学路校区在新建的教学楼墙面上下足功夫。以学校文化核心"养正体、养正行、养正思,开新知,开新力、开新思"为主题,设计具有学校气质和现代气息的文化墙,通过文化浸润,潜移默化地引导学生养成良好的知识素养、行为习惯、思维品质和精神追求。这些文化墙充满浓厚德育氛围，增强了师生对学校文化的认同感和归属感，在无形之中影响学生的学习、生活，帮助他们树立正确的价值观，起到环境育人、文化育人的作用。

5.环境改造彰显关怀

演武小学重视校园环境的功能性作用，各处的绿化点缀、图书馆功能设计、班级文化布置，无不体现校园文化及人文关怀。在环境改造和设计中，学校关注学生的主动参与意识，如发动五年段策划"我的花圃我做主""我为百草园添绿"实践活动，引导学生积极实践，使学生更加热爱校园，热爱生活。此外，学校还变偏僻处为花园。学校改造演武池校区东边的绿化带，增设读书亭等设施，使偏僻的校园一角成为既能让学生休憩，又能举办阅读与实践活动的小花园。

6.校园文创培养气质

"文武兼修，才思兼优"，演武小学希望培养能文能武、知识丰富、有才干的学生。为促进和激发学生对校园文化的理解和热情，学校组织校园卡通形象创作活动，"小文""小武"应运而生。"小文"外形是一支笔，代表有文化、有智慧；"小武"化身一柄剑，象征有勇气、有能力。"小文""小武"的大号人偶立于校园入口处，欢迎着每一位来上学的孩子。

（三）管理育人，成德于行

科学的管理育人体现了管理的多样化和包容性，能够起到积极引导的作用，持续调动师生的积极性和主动性，让育人有高度，管理显温度。演武小学积极推进学校治理现代化，健全学校管理制度，将德育贯穿于学校管理制度之中。

演武小学深入挖掘和研究管理育人的内涵与规律，努力探索管理育人工作的新做法，完善机制，让先进的管理制度更好地发挥作用，为学生成长成才创造有利条件，开辟多种路径，提供丰富资源。

学校管理从细节入手，在《中小学生守则》基础上，关注与学生最密切的行为习惯，推出"演武小学十个好习惯"，用平实朴素的语言概括好习惯，方便学生记忆与落实，助力实现立德树人根本任务。

学校积极探索学生自主管理的方式方法,充分发挥学生的能动性。学校鼓励各班通过民主方式商议班规,设立人人参与的班级小岗位,并鼓励开展"小小班主任"活动,让学生自主管理班级。民主管理增强了学生的认同感和归属感,也增强了学生的自觉性。此外,学校充分发挥少先队的重要作用,通过大队委带领红领巾督导员巡查,开展日常行为评比,每月评选优胜班级的方式,培养学生的班级荣誉感,也让校园管理更细致、规范。

(四)数字德育协同育人

2016年8月,演武小学各部门组织教师融合集体智慧,根据学生特点、学生成长需求,共同制定了具有全纳性的360°学生评价管理制度及360°评价指南。管理制度规范了评价系统的操作流程、人员分工、岗位职责等,评价指南则详尽地诠释了学生评星争星的标准和奖励措施。是年9月,学校开始正式实行360°评价管理制度,目的在于改革与完善原有的评价方式,更加全面、立体地建立新型科学、简便易行、形象可感、公平长效的激励机制。以老师、学生、家长为评价主体,通过课内、课外及实践活动等途径,全方位地对学生的成长给予激励与评价,从而促进素质教育目标的有效落实。360°学生评价体系以科学的管理评价系统,公平、立体、高效、具有激励作用的评价机制,受到老师、家长和学生的一致认可。近年来,每个学期获星学生人数都达上千名。

360°学生评价体系改变了传统的教育评价模式,不再由班主任老师一言堂,评价团队包含所有科任教师、社团的老师及学生家长。学生受到的评价不再单一,而是呈现多元化趋势,360°学生评价体系由此助力形成各方协同育人的格局。

在数字教育时代,演武小学利用钉钉简道云平台,建设了使用更加便捷的360°学生评价平台,老师、家长通过手机可以随时为学生申星,让激励反馈更加及时。此外,即使班级更换班主任或科任教师,接班老师也可以从平台数据库中了解学生以往的学习、品德、才艺等各方面的情况,第一时间掌握学生的信息,更有助于接班的老师快速了解学生,帮助学生尽快成长。评价机制从短暂性转向长效型,让整个校园充满了持续性的、发展性的活力。

三、多元德育书写"时代命题"

活动育人、实践育人有利于丰富德育路径，强化德育效果。演武小学以德育一体化、"大思政"为引领，秉持以人为本的教育理念，开展多元德育。

（一）安全教育全覆盖

演武小学坚持育人为本，德育为先，安全至上，强有力的德育工作对校园安全提供了强有力的保障。通过"线上＋线下"相结合的方式，演武小学扎实开展安全教育，健全德育网络，强化德育措施，优化学生管理，为构建平安校园奠定坚实的基础。

在第28个全国中小学生安全教育日，学校通过直播方式，邀请厦门蓝天救援队秘书长孙韬，为全校两千多名师生带来"公益传承，让爱成长"主题讲座，使同学们提高尊重生命、敬畏生命、珍惜生命的意识。借助校园电视台或校园网络，演武小学每周开展安全教育，邀请公安、消防、医院、社区等单位人员为全校学生开展安全教育，覆盖面大，教育效果好。

演武小学对接优质教育资源，以"请进来、走出去"的形式，开展丰富的安全教育活动，不少活动成为宣传的典型案例。其中，2019年开展的"小小交通员"活动、2021年开展的客运车辆交通安全宣讲和消防逃生演练活动的相关报道获登《中国交通报》。演武学子参与拍摄的《拒毒奇兵》受"中国禁毒"、"福建禁毒"官方微博转发点赞。

（二）红色教育接地气

传承红色基因，厚植学子爱国之情。演武小学探索新时代德育内涵，以校园传统节日纪念日特色活动为抓手，凝聚家校社联动的红色力量，以线上线下融合的形式丰富德育的内涵。

演武学子从百年党史中感悟和传承优良家风，家校合力齐行动，挖掘身边红色资源。党员家长进课堂，家校携手育新人，红领巾学生小讲师童声话党史。演武小学的党史教育走进少先队活动课，开展了五十多场党史课堂，

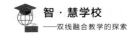
并制作党史微视频作为线上学习资源。丰富的红色资源激发了演武学子缅怀先烈的情感,红色基因得到了更好的传承。厦大百年校庆,不少厦大家长在党史宣讲中结合厦大"四种精神",激励学生自强不息,成为时代新人。劳动节,演武学子以劳动技能大赛为平台,传承发扬艰苦奋斗的优秀品质,并在党史学习教育中学思践悟行。

校园文化艺术节上,演武小学邀请厦门市民间文艺家协会进校园,挖掘讲仁爱、守诚信、崇正义、求大同等中华优秀传统文化的时代价值,将其融入党史文艺作品之中,使演武学子在与红色经典的接触中增强民族自豪感和文化认同感,提升文化自信。

少先队还结合大中小学思政课一体化共建开展"红领巾讲解员"活动,引导少先队员走进学校周边的红色教育基地,开展讲解活动,拍摄红色讲解视频,使红色教育"走心"又"走新"。

(三)研学实践有特色

演武小学不断深化思想政治理论课程改革,统筹推进大中小学思政一体化建设,推出了"思政之大、知行合一"的育人新模式,善用"大思政课",将思政小课堂融入社会大课堂。

1."知"以育人,点亮思政新课堂

"思政课"到"大思政课"的一字之差,是校园内思政育人知识的再更新、课程的再谋划、理念的再提升。为此,演武小学主动对接大中小学优质知识资源,联动思政课教师"守好一段渠""跑好接力赛",持续建设以"传统文化""乡门文化""红色文化""新时代新文化"为特色的一批思政"金课"。

2."行"见演武,活化社会大课堂

从校内的"思政小课堂"延伸到校外的"社会大课堂",得益于演武小学开启的以学生为主的思政实践新态势。学校联动厦门大学历史与文化遗产学院和演武社区,发起"行见演武"大思政课项目,鼓励师生走出校园,走进厦门历史遗迹,用社会体验厚植家国责任,打造行走着、体验着、思考着、践行着的大思政课。

学校组织"行见演武之发现成功"活动,让数百名大中小学生走进历史现场,实景体验和调研"演武"的故事,使大课堂延伸至线下,赓续郑成功文化。

"行见演武"不仅走进了历史现场,还走进了"演武人"的心里。2023年

"雷锋月"前夕,学校选拔出 29 名"社区通信员",发起长者一对一关怀服务倡议。"爱的定时闹钟"每天准时响起。在一声声"呷霸没(吃饱了吗)""咔好没(好些了吗)"的暖心问候中,社区长者与志愿者们成了相互关爱的"忘年交"。此次活动中,演武小学校长王志勤收到了一封八旬老人的感谢信,老人在信中感谢学校的颜同学让他们在困难的时候感受到了党和政府的关怀和社会的温暖。王校长笑言:"这是对我校思政教育活动最真挚朴实的赞扬。好的教学内容最能激发孩子们的思政学习热情。实践育人、体验育人,将是孩子们茁壮成长的优美姿态。"

"行见演武"项目中,大中小学学生是活动策划的发起者、活动推进的志愿者与社区文化的发现者。演武小学用"知行合一"书写"思政之大",增强新时代青少年的思政教育效果,帮助他们扣好人生第一粒扣子。

| 第三节 |

智 慧 润 行

一、智慧校园平台总述

习近平总书记指出:"数字技术正以新理念、新业态、新模式全面融入人类经济、政治、文化、社会、生态文明建设各领域和全过程,给人类生产生活带来广泛而深刻的影响。"[①]党的二十大报告明确指出,要"推进教育数字化"。教育数字化是数字中国的重要组成部分,教育数字化转型正成为当前我国教育发展的重要任务。厦门市演武小学是"全国现代教育技术实验校","福建省教育信息化实验校",思明区"智慧课堂电子书包"项目试点校。

---

① 习近平向 2021 年世界互联网大会乌镇峰会致贺信[N].人民日报,2021-09-27(1).

学校各职能部门在深化教育教学信息化,推进教育教学治理过程中,遇到三大痛点:(1)平台软件多而杂,老师运用不方便。(2)诸多软件功能不如各部门预期,难以推广落地。(3)管理泛化,缺少数据支撑;教与学精准度不够、针对性不强。因此,学校近年来成立信息中心,努力挖掘校内有潜力有实力的信息技术教师的潜能,充分发挥他们的专业特长,自主研发符合学校各部门实际需求的教育教学综合治理大平台,搭建学校各部门需要的系统模块,打造轻量级的智慧校园平台,为学校智慧治理提供平台保障。

二、智慧校园平台建设目标

建设具有演武小学特色、按需定制与高效实用的智慧校园平台,做到学校教育教学管理点滴数据实时伴随性生成。依托数据形成相关部门的决策建议,推动学校治理的数字化与精细化,提升全校师生的教育教学管理效能,实现全员参与、流程优化、过程开放、操作简单、高效实用、共建共享,从而提升学校的办学质量与数字治理水平。

三、智慧校园平台建设内容

学校信息中心完全尊重全校师生原有信息化平台操作应用经验,基于学校办公平台钉钉进行自主研发,选择简道云进行无代码云端智慧校园平台模块功能开发。截至目前,演武小学自主研发的智慧校园平台包括以下九大模块:教学管理、德育管理、后勤管理、办公管理、创客中心、学科应用、信息中心、学籍管理、基础信息,如图 1-3-1 所示。

图 1-3-1 智慧校园平台功能模块

智慧校园平台每个模块都包括该职能部门应解决的实际职责事务。下面分别介绍九个模块的详细功能。

（一）教学管理模块

教学管理模块为教务处提供成绩分析、教师专业发展、选课管理、课后延时、教师研修、调课代课等系统的功能服务（图1-3-2）。这些系统提升了教务处各项事务的推进效率，改进了教务工作治理流程，优化了管理，清除了冗余事务对全校师生的干扰。

图 1-3-2　教学管理模块

1.成绩分析系统

本系统对学生期末各学科的成绩和等级进行云端统计及可视化分析，从而为任课教师、班主任、教务处诊断教学提供数据依据。学校通过云平台代替以往的 Excel 表格统计，实现数据云端存储、报表分析角度多样化，为一线教师减轻负担，为学科教研、教务工作提供数据支持，以提高工作效率，简化工作流程。

2.教师专业发展系统

为贯彻落实中共中央国务院《深化新时代教育评价改革总体方案》中关于教师评价改革的文件精神，演武小学依托所承担的省级课题，实时收集教师成长过程中的数据，诊断评价教师专业成长情况，生成教师职业发展画像，进一步对教师专业成长进行精细化管理，为学校教育教学绩效、评优评先、五阶梯建设与职称评聘进行量化服务。

3.选课管理系统

目前学校已有社团 70 余个，我们通过系统完成学校社团的选课工作。平台选课以先到先得原则让孩子选到自己喜欢的社团课程，既保证了公开公平公正，又高效完成了社团选课任务。

4.课后延时系统

国家出台减负政策后,学校纷纷探索如何提供优质的课后延时服务。小学下午第三、四节课的服务费用统计成了月底教导处的一大难题。课后延时系统可实现当节课教师实时扫码签到,管理岗行政据实审批,方便教务处统计每月全校课后延时课时数,轻松解决课后延时费用统计问题,提高了校内课后服务安排与课时统计的时效性与精准度。

5.教师研修系统

教师研修系统助力学校落实全国中小学教师信息技术应用能力提升工程 2.0 培训。按照思明区 2.0 工程培训工作要求,学校教师只能选择三个能力点,且所选能力点必须满足 $A<50\%,C>20\%$ 的要求。学校通过教师研修系统让全校教师进行能力点预选,系统将根据区级要求在全校库进行筛选和统筹,帮助教师最终确定自己的能力点。同时系统还不定时对教师选点后的线上学习进度进行及时跟踪提醒,保证全校教师在规定时间内完成任务。

6.调课代课系统

调课代课模块针对教务处开放。教务处协调安排的代课,由教务员进行登记录入,录入内容包含时间、班级、申请教师、代课教师、申请原因等;由后台根据日期和月份进行统计,生成总览表并向老师开放核对;由后勤部下载每月数据报表并生成绩效。

（二）德育管理模块

德育管理模块为德育处提供 360°评价、雏鹰争章、导护评分、防疫动态、值班管理、导护日志、各类问卷、入校登记等系统功能服务（图 1-3-3）。这些系统促进了德育处各项师生日常事务的无纸化办公,实现了事务精细化管理,改进了德育工作治理流程,提高了工作效率,让部门能够更好地为全校师生服务。

360°学生评价系统是一套为深化教育评价改革而制定的学生过程性评价管理系统,是一套针对学校全体学生展开的,坚持科学性、多元性、公平性、立体性,以促进学生全面发展为目标的积极性评价机制。它源自"金银

图 1-3-3　德育管理模块

铜三星学生评价"课题。"金银铜三星学生评价"作为国家级课题,研究历时五年,结题评为优秀,获福建省基础教育成果二等奖,近二十年来许多学校都在用它开展学生积极性评价。360°学生评价管理制度作为"金银铜三星学生评价"体系的升级版,通过五育并举对学生校内外的点滴进步进行过程性评价与褒奖。它使学生从消极被动学习转为积极主动学习(思想上从"要我学"转为"我要学");它强调学生自身的进步,体现学生的整体生命成长足迹;它促进了全校学生的品德与习惯(德)、学习与交流(智)、运动与健康(体)、审美与表现(美)、实践与操作(劳)的全面发展。目前我们已将 360°学生评价平台移植到云端,融入智慧校园平台,真正实现多端访问、方法简单、机会均等、过程开放。

（三）后勤管理模块

后勤管理模块为总务处提供办公用品管理、报修管理、消防巡检、食堂管理、校医助手、安全巡查、校服申请、疫情防护(入校两码一核酸提交、公共设施消毒记录、防疫物资领用登记)等系统功能服务(图 1-3-4)。这些系统提升了总务处各项日常事务的无纸化办公水平,改进了总务处对琐碎事务的记录与管理流程,提高了工作效率,让后勤管理部门能够更好地为全校师生服务。

图 1-3-4　后勤管理模块

（四）办公管理模块

办公管理模块为办公室提供公文流转、教师考勤等系统功能服务（图1-3-5）。这些系统提升了办公室相关事项的推进效率与落实能力，改进了原有工作流程，优化了学校管理。

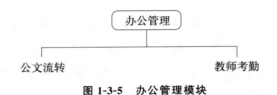

图 1-3-5　办公管理模块

1.公文流转系统

公文流转系统是一套基于计算机网络技术的行政管理工具，它能够有效地管理和协调公文的发文、收文、审核、归档等环节，从而确保公文始终处于可控制状态，提高了行政效率和监管能力。它具有以下几个特点：

（1）自动化：公文流转系统能够自动完成流转、审批等流程，极大地提高了公文处理的效率。

（2）管理严格：公文流转系统能够对公文的流转路径、审批记录、处理进度等信息进行严格管理，确保公文的安全性和可追溯性。

（3）使用便捷：公文流转系统可以通过网络进行公文的接收、处理和发送，非常便捷和灵活。

（4）多级授权：公文流转系统可以实现多级授权，使得公文的处理人员在操作时不会超出自己的权限范围。

（5）数据分析：公文流转系统能够对公文处理的数据进行分析，为行政管理和决策提供参考。

2.教师考勤系统

教师考勤系统是一套基于钉钉的校内考勤应用，通过集成多种功能，如考勤打卡、异常处理、考勤统计、数据分析、考勤规则、工作日历等，帮助学校实现高效便捷的考勤管理，提高教师出勤率和工作效率，促进学校管理的提升与发展。

其主要功能包括以下几个方面：

（1）考勤打卡：利用钉钉或打卡机在指定时间和地点实现打卡签到、答题等操作，并提供照片识别、GPS定位等多种方式确保打卡真实有效。

（2）异常处理：如果教职员工有外勤、出差、请假等情况，可以在系统中申请并上传相关证明材料，以便管理部门实时审批，及时做出调课安排。

（3）考勤统计：根据打卡记录自动生成考勤统计表，包括每日、周、月、季度等周期考勤数据，例如早退、缺勤、加班、出差等数据的汇总。

（4）数据分析：通过对考勤数据进行分析，生成图表、报表等形式的数据分析结果，帮助管理者更好地了解员工的考勤情况，及时发现问题并采取相应措施。

（5）考勤规则：教师考勤系统支持自定义考勤规则，如打卡范围、打卡时间、迟到早退计算等，可适应管理部门的特定需求和管理模式。

（6）工作日历：教职工可以通过系统查看国家规定的节假日、调休日、周末等，并按照工作日历进行考勤打卡。

（五）学科应用模块

本模块建设背景为演武小学在信息技术、体育两个学科上获评福建省基础教育学科教学研究基地学校。学科应用模块聚焦课堂学生学习评价，是在智慧课堂1.0研究的基础之上迭代而成的大智慧课堂2.0，研究重点指向学生的课堂学习评价。演武小学信息中心基于实施多年的360°评价体系的理念，研发全学科课堂教学管理平台，在信息技术与体育学科率先探索课堂新型评价模式，其他学科逐步加入。课堂教学管理平台基于大数据＋云计算＋移动互联网技术构建，记录课堂40分钟数据，依托SOLO分类理论对每个学生实际学习水平进行精准测评，确定每个学生本节课的实际学习水平层次；通过数据说话，让教师获得教学反馈信息，主动调整课堂教学进程，促进自身教育教学水平不断提高，也有助于学生主动调整自己的课堂学习活动，促进以生为主体的个性化学习进程，最终达到教学过程可收集、

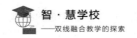

数据可分析、评价可量化、结果可复盘的目的。

目前,我们持续优化课堂教学管理平台,已将课堂教学管理平台升级到 3.0 版本。平台又分校内版本与校外版本。校内版设计包括所有学科,最新版教学平台在应用学科方面,已有信息技术、体育、劳动、综合实践等学科在使用(图 1-3-6),信息技术所有课程使用平台上课已超两年。在受众方面,也从本校应用拓宽到了兄弟基地学校使用、区域教研团队学校共同使用。校外版已经有厦门市英才学校、群惠小学、第二实验小学等学校在使用。截至目前,已有 28 所学校申请使用。

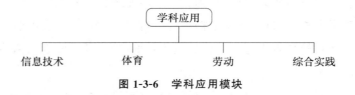

图 1-3-6　学科应用模块

（六）创客中心模块

演武小学利用云平台管理创客中心下属八个创客类社团(图形化编程社团、Python 编程社团、Logo 编程社团、物联网社团、动漫社团、3D 社团、人工智能社团、无人机社团)的师资调度、纳新管理、课程建设、课程实施、赛事管理、校赛发展,高效开展开新实验室、开智实验室、开航实验室、开思实验室、中国芯实验室五个实验室的运营管理,顺利推进演武养正创客中心的建设,促进学校科技教育水平的提升,为中学输送优质科技型人才。创客中心模块包括纳新管理系统、课程建设系统、学习资源管理系统、白名单赛事系统、校赛管理系统(图 1-3-7)。

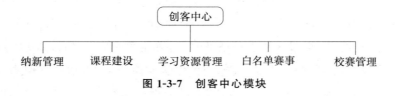

图 1-3-7　创客中心模块

1.纳新管理系统

本系统对全校学生开放。通过开放报名,能够了解学生科技方面的知识积累,为各社团学员起步水平质量提供重要保证;同时,能够将原先零散的科技类社团进行整合重组,统一纳新,统一调度,统一管理。学生从二、三年级进入创客中心,经过图形化编程训练后再参加其他创客类社团的课程学习,到六年级退出创客中心,普遍能具备高水平又全面的科技素养。

2.校赛管理系统

校赛管理系统主要为学校科技类比赛提供作品提交的云端空间,便于赛事作品集中收集,方便裁判线上匿名择优选出一、二、三等奖。目前学校已连续举办两届校级创客大赛,遴选创客类种子选手近两百名,为近两年的创客大赛做好了人才储备。

（七）信息中心模块

信息中心模块是学校智慧校园平台的大脑,主要对全校所有模块系统进行数据挖掘并分析,推送全校智慧大屏数据给学校管理层,推送教育教学智慧大屏数据给教师,推送与全校学生相关的智慧成长数据给学生。如此能够把脉诊断各部门师生日常工作的开展情况,使各部门日常事务及时高效地得到处理,从而为全校师生提供更精细化的数据支持与精准的治理手段。本模块分学校智慧大屏、教师智慧大屏、学生智慧大屏三大子模块（图1-3-8）。

图 1-3-8　信息中心模块

（八）学籍管理模块

学籍管理模块是面向学籍管理员开放的平台系统,主要针对学校学生信息变动进行管理和统计,能够有效地管理和维护学生的学籍信息,从而为学校提供更精细化的管理和服务。模块分招生工作、转学工作、毕业生工作、新生工作四个子模块(图1-3-9)。

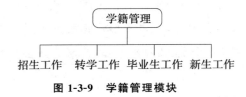

图1-3-9　学籍管理模块

1.招生工作

该模块针对每年6～9月份新一年级招生工作设计,包括预约登记、分流安排、录取查询、数据统计生成表等。

2.转学工作

该模块针对每学期转学工作设计,包括转学登记、调拨意向登记、数据统计等。

3.毕业生工作

该模块针对每年5～6月份毕业生工作设计,包括毕业生信息统计、毕业生家长会签到、线上问题采集等。

4.新生工作

该模块针对每年9月份开学新生入学工作设计,包括新生校服登记、分班结果查询等。

（九）基础信息模块

基础信息模块是学校智慧校园平台的一个重要模块,它用于管理学校的基本信息,包括学年学期信息、年级班级信息、学校部门信息、教职员工信息、学生学籍信息、数据字典信息等,为智慧校园平台各大模块系统提供基础信息数据,打通各系统间的基础数据,实现数据共用、共建、共享,方便学校高效、有序治理运营。

第二章

视域二

双线融合课堂与核心素养

厦门市演武小学在线下教学过程中，充分利用线上检测数据，使教育工作更具有针对性，更加聚焦核心素养，从而促进了学生核心素养的全面提升。学校开发大量线上学习资源，实现了"线上""线下"两端教学模式优势互补，不断助力学生核心素养提升。学校搭建线上交流平台，让学生实现远程学习，让教师实现远程教研，从而为师生素养的提升提供了信息化的舞台。

| 第一节 |

"线上""线下"混合式教学模式

一、混合式教学模式的课程理念

厦门市演武小学是一所有信息化积淀的学校，在互联网＋教育背景下，学校更加重视教育技术与学科教学的深度融合，加速教育现代化。2021年12月，中央网络安全和信息化委员会印发《"十四五"国家信息化规划》，明确提出要"推进信息技术、智能技术与教育教学融合的教育教学变革"，这势必需要利用技术赋能，全面推进教学模式创新和评价方式改革。因此，"线上＋线下"教学融合形式的新型"互联网＋教育"教学模式应运而生。演武小学试图在课堂教学中找到一条以信息技术为突破口的有效路径，进一步丰富养正开新的文化内涵与办学理念，实现以信息化引领教育现代化的发展目标。

（一）混合式教学模式的概念界定

1.混合式教学

混合式教学，即将在线教学和传统教学的优势结合起来的一种"线上＋线下"教学。两种教学组织形式的有机结合可以把学习者的学习引向深度学习。在"线上""线下"混合式教学中，通过不同学习方式的融合，通过多种媒体资源的优化设计和各种教学策略的使用，创设丰富的情境，激发学生积极的情感体验，促进学生的知识建构，引起学生的高级思维和认知，使他们形成对知识的理解和迁移，从而解决实际问题，实现深度学习。

2.互联网＋教育

"互联网＋教育"是伴随当今科学技术的不断发展，将互联网科技与教育领域相结合的一种新的教育形式。当前全球正处于新一轮科技革命和产业变革之中,随着2015年"互联网＋"在政府工作报告中的出现以及随后《国务院关于积极推进"互联网＋"行动的指导意见》的出台,"互联网＋"与各领域的融合发展已成为不可阻挡的时代潮流,"互联网＋教育"将成为时代发展的必然趋势。信息技术对教育发展具有革命性影响,以教育信息化带动教育现代化,是我国教育改革和发展的战略选择。

3.信息素养

"信息素养(information literacy)"的本质是全球信息化时代中人们需要具备的一种基本能力。具体来说,信息素养是运用信息解决问题的修养和能力,即能够恰当理解信息,并能准确查找、分析、加工、利用和评价信息的能力。

(二)混合式教学模式的提出

近年来,随着大数据技术的发展与普及,越来越多的中小学开始引入互联网技术辅助教学。教育部发布的《教育信息化"十三五"规划》提出,"要通过深化信息技术与教育教学、教育管理的融合,强化教育信息化对教学改革,尤其是课程改革的服务与支撑"。教育信息化的根本宗旨是提升学生的核心素养,促进学生的健康发展。因此,"线上＋线下"教学融合形式的新型"互联网＋教育"教学模式就应运而生,这使得对学生的培养能够跳出时空的限制,为学生的全面发展打开新的局面。

有互联网海量的数据资源作为依托,我们凭借课题抓手,以电子书包、一起作业网等网络产物作为教学媒介,力求通过重点研究如何进行教学的线上线下结合、学习数据的采集和评价等内容,来达到促进学生核心素养全面发展的目的。

目前,国内外混合式教学的研究绝大多数都关注课程层面,只有少数研究关注机构层面。以美国为例,目前开展混合式教学改革的高校大部分还处于由第一个层次(意识/探究)向第二个层次(采纳/初期实施)过渡、转化的阶段,还处于混合式教学改革的初期,远远谈不上成熟发展。

（三）混合式教学模式的理论依据

1.现代素质教育理论

演武小学的混合式教学研究建立在"以学生的发展为本"的素质教育理论的基础上，要求教师在教学中面向全体学生，照顾差异，激励发展，发掘每个学生的潜能，使每个学生自能学习，自能发展，自能创新，为终身学习奠定基础。

2.多元智能理论

加德纳的多元智能理论告诉我们：每个学生都有多种智能，这些智能的发展往往并不平衡，这就造成了学生差异的存在；但是各种智能本身没有好坏之分。教学评价应该适应学生发展中形成的素质和习得素质的个体差异，努力创造条件，促进学生有差异地发展，最终使学生获得有差异的成功。

3.学习内驱力理论

奥苏伯尔内驱力理论认为：小学生为了保持教师的赞许或认可而表现出一种把学习学好、工作干好的需要，年龄越低，这种内驱力越强。针对小学生这种心理特点，教师应多运用激励等手段，满足学生的内心需求，调动学生的内驱力，激发其学习动机，及时给予学生充分的肯定和表扬，以驱使其为了保持教师的赞赏而进行自能学习。

二、混合式教学的开展背景

（一）开展背景

随着大数据技术的发展与普及，越来越多的中小学开始引入互联网技术辅助教学。教育部《教育信息化"十三五"规划》提出，"要通过深化信息技术与教育教学、教育管理的融合，强化教育信息化对教学改革，尤其是课程改革的服务与支撑"。教育信息化的根本宗旨是提升学生的核心素养，促进学生的健康发展。

作为福建省教育信息化实验学校，厦门市演武小学在教育信息化的建设道路上有着深厚的积淀；在互联网＋教育背景下，学校更加重视教育技术与学科教学的深度融合，加速教育现代化。福建省义务教育教改示范性建设学校项目"探索'线上''线下'教学融合，有力提升学生核心素养"、思明区关于教育部"基于教学改革、融合信息技术的新型教与学模式试验区"领航校建设、思明区试点项目"智慧校园电子书包项目"、福建省电教馆"基于混合式教学模式的研究"课题等的开展和成果凝练，都为学校的双线融合研究提供了坚实的基础。

除此之外，线上教学已成为必然趋势，混合式教学模式也为线上学习方式的有效实施提供了值得借鉴的基本路径和操作范式，助力学生的终身学习和可持续发展。

（二）借鉴分析

目前，国内外混合式教学的研究绝大多数都关注课程层面，只有少数研究关注机构层面。我们通过查阅文献，分析国内外混合式教学的发展现状，试图厘清现阶段我国教育信息技术应用存在的问题以及影响其效果的主要因素，从中归纳出相关规律与值得借鉴之处，以利于课题研究。

1.国外混合式教学发展

20 世纪以来，混合式教学模式不再是一个新的概念，其是通过计算机基于网络技术来完成的，能够发挥技术的作用解决教育教学过程中出现的需求问题。就目前而言，国外的混合式教学还处于混合式教学改革的初期，远远谈不上成熟发展。

2.国内混合式教学发展

通过百度学术和知网以"混合式教学"为关键词检索得知，我国关于混合式教学的研究在 2005 年之前研究较少，至 2015 年开始进入上升阶段。

国内的混合式学习理论研究中，多以某一门具体课程为主进行实践探讨，或探讨软件与慕课形式的结合，或探讨课程内容的时间安排，或探讨课程教学实践的效果分析等。现阶段的实践研究多以涵盖教学模式的运用、课程资源的设计与开发、教学实践的应用效果等三个领域为主。关于实践应用过程中的混合式教学模式，大多是基于网课平台的设计或者构建。其中北京师范大学现代教育技术研究所的余胜泉和路秋丽教授谈道：所谓blending learning 就是要把传统学习方式的优势和 e-learning（数字化或网络化学习）的优势结合起来，强调的是在恰当的时间应用合适的学习技术达到最好的学习目标。

总的来说，国内外混合式教学的概念演变经历了三个阶段：技术应用阶段、技术整合阶段以及"互联网＋"阶段。混合式教学目的演变经历了两个阶段："替代论/辅助论"阶段、"强化论/进化论"阶段。当前混合式教学也存在实证研究较少、理论研究落后于实践应用等问题。

三、混合式教学的开展意义

（一）开展目的

演武小学综合传统教学和网络信息教学的特点，运用现代教育理论，通过"线上＋线下"的教学实践，探索适合本校实际的有效路径，推进信息技术与学科课程的深度融合；运用信息技术改革教学模式、内容和方法，推进信息化校园环境下教育教学改革和创新实践，提高教师的理论水平和实践能力；以高效课堂有力提升学生核心素养，培养学生的创造性思维，培养学生自主、协作学习的能力，进一步提高学生的信息素养、实践能力和创新精神；逐步完善校园信息化设施，提升教育信息化应用水平，努力打造智慧学校。

（二）开展意义

1.理论意义

2016 年 6 月，教育部发布的《教育信息化"十三五"规划》提出，"要通过深化信息技术与教育教学、教育管理的融合，强化教育信息化对教学改革，尤其是课程改革的服务与支撑"。2019 年 3 月，教育部发布《关于实施全国中小学教师信息技术应用能力提升工程 2.0 的意见》，突出以学校信息化教育教学改革发展引领教师信息技术应用能力培训，注重培养教师将技术深度融入教学全过程，使教师"主动适应信息化、人工智能等新技术变革"。

2021年12月,中央网络安全和信息化委员会印发《"十四五"国家信息化规划》,明确提出要"推进信息技术、智能技术与教育教学融合的教育教学变革"。为贯彻、落实这些文件的精神,我们势必需要利用技术赋能,全面推进教学模式创新和评价方式改革。

2.实践意义

学校重视教育技术与学科教学的深度融合,在信息技术与课程整合上主动探索。依托坚持了27年的"演武杯"现代教育技术评比活动,学校普及和推广信息技术与教育的融合,打磨教师的信息化运用基本功。同时,我校正在进行的福建省义务教育教改示范性建设学校项目"探索'线上''线下'教学融合,有力提升学生核心素养"、思明区试点项目"智慧校园电子书包项目"、福建省教育科学年度规划课题"互联网+教育背景下教师信息素养提升的行动研究",有利于我校更全面地探索信息技术与教育的深度融合方式,借此提升学校整体教师队伍的信息素养,从而全面提升学生的核心素养,进一步丰富"养正开新"的文化内涵与办学理念,实现以信息化引领教育现代化的发展目标。

| 第二节 |

构建双线融合教学样态

一、双线融合的教学架构

（一）明确目标

1.总目标

综合传统教学和网络信息教学,运用现代教育理论,应用现代教学手段,探索适合演武小学实际的有效形式,推动演武小学创建教育教学优质学校。

2.近期目标

通过课题论证，制定课题方案，组织课题小组，对校情、学情、师情进行摸底排查。提高全体教师教育理论水平，并加速提高教师计算机应用水平和技术水平，初步摸索"线上＋线下"混合式教学的有效形式。

3.中期目标

完善课题实施方案，全面开展课改实验，形成有特色的学科年级班组，获得初步的研究成果，尤其是在学生于网络环境下普通养成与发展出的全新的学习习惯、学习兴趣、学习能力以及合作学习、探究学习、自主学习等方面都有较大突破。

4.远期目标

课题研究深入进行，在市内外产生较大影响。出现一批相关课题的研究型教师，学生学习成绩明显提高。将课题研究成果辐射周边学校。

（二）确定双线融合思路

在"线上""线下"的混合式教学中，学校通过不同学习方式的融合、多种媒体资源的优化设计和各种教学策略的使用创设丰富的情境，激发学生积极的情感体验，促进学生的知识建构，引起学生的高级思维和认知，形成对知识的理解和迁移，从而能够解决实际问题，实现深度学习。我们通过四个融合点展开探索实践。

融合点一：借助线上检测的数据资源，为线下教与学提质增效。

（1）借助前测分析，确定教学思路。

（2）借助课堂检测，聚焦资源生成。

（3）借助后测设计，实现因材施教。

融合点二：借助线上学习资源，有效提升学生学习能力。

（1）开发学科专项资源，提升学科核心素养。

（2）开发复合学习资源，提升融通运用能力。

（3）借助差异学习资源，提升自主学习能力。

融合点三：打造线上交互平台，转变课堂学习方式。

（1）依托在线交流，实现线上线下多元融通，优势互补。

（2）借助绿色应用,实现线上线下个性化学习,相得益彰。

（3）捕捉交互信息,促进线上线下主动学习,相互渗透。

融合点四:借力人工智能教育,探索创客教育新路径。

（1）整合多元资源,构建主题资源。

（2）基于任务驱动,培养设计制作能力。

（3）创建评价平台,提升课堂评价效益。

（三）研究创新点

1.借助线上平台进行学情诊断

传统的批阅作业方式是教师对学生的作业实行一对多批改,这样往往造成教师花费在批改作业上的时间过多,而且客观题批改的准确率得不到百分百的保障。本研究的主要创新点在于借助线上平台的题库出卷、系统智能化批改,从而形成学生个人的学情诊断报告。这样一来,教师就可以根据实时反馈数据对学生进行有针对性的教学,而且大大节省了机械批改作业的时间,从而提高教学的效率。学生则可以根据平台提供的学情诊断报告,对自己线下所学知识点的掌握情况有全面细致的了解。

2.开发复合资源

近年来,在线学习资源的开发一直是教育领域的热点,但是,在这一开发热潮中,由于研究者的个人局限性,开发常常局限于散点开发,难以形成序列和规模。我校的在线学习资源开发,将学科核心素养作为基石,以学生的差异性需求作为参照,既重视对单一学科课程的深入挖掘,也关注复合性学习资源的融通和整合,能更好地适应学生多元发展的需求,促进学生的个性发展。

3.转变学习方式

在传统的课堂教学中,由于时间和空间等因素的影响,教师很难做到和班里的每一个学生进行交流,学生与学生的交流也局限于四人小组等小范围内。另外,教师因教学内容、教学目标等因素的影响也很难给予学生充分的自主探究时间。而网络教学所具备的强大的交互功能恰恰好能解决这些问题。为此,打造网上交互平台是探索学习方式转变的一种尝试,是对线下传统教学的有力补充，让教师教得更有针对性和实效性，更有深度和内涵，让学生学得更有兴趣、更主动。它改变了传统的单向输出的学习方式，有力地激发了学生的合作意识、探究欲望，以此助力学生思维能力、质疑精神、探索意识、实践能力发展，与演武小学的"慧心正思，善言立行"的学风相契合。

二、双线融合教学的研究方法与组织

（一）研究方法

我们主要采用行动研究法，以"现状调研、理论学习、案例分析、梳理总结、提炼成果"为思路，具体见图 2-2-1。

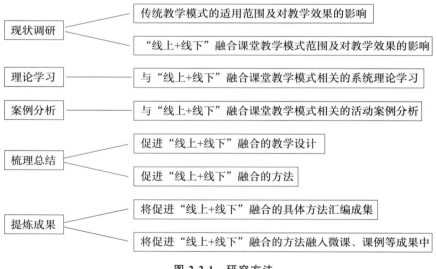

图 2-2-1　研究方法

1.问卷调查法

以演武小学师生为样本发放问卷，以了解教师课堂教学的瓶颈和师生参与"线上＋线下"教学的实际需求。

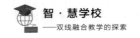
2.实地调查法

根据问卷结果制定基于演武小学实际的"混合式教学模式"的融合方式,对全校教师课堂进行调研和公开课评析,了解信息化课堂的实际状况。在课题研究初期、中期、后期应多次进行过程性调查,及时把握"混合式教学模式"在教学实践中的实效性。

3.文献研究法

课题组成员查阅大量知网论文与其他文献资料,参考中外与"混合式教学模式"相关的理论与实践探索,综述并提出观点。

4.行动研究法

以具有针对性的教师研修与课堂教学为实践基础,通过课堂观察和课后反思,分析不同的融合方式与教学模式对课堂效益的影响。

5.对比分析法

对比学校开展基于"混合式教学模式"的研究前后的课堂教学,观察变化。

6.数据分析法

以实地调研得出的数据为基础,进行科学的定性定量分析,提出有效举措。

（二）实施步骤

1.第一阶段

（1）普及电子书包已有的在线测试功能,让实验教师了解其基本操作及特色和不足,展开专题性研讨,寻求合适的线上测试的应用方式。在海量的教学检测应用程序中筛选合适的平台作为学校在线检测的主渠道。针对"一起作业""UMU互动学习平台""课堂派"等线上平台的测试功能开展普及工作,让教师与学生熟知测试的使用方法及功能。做好家庭课后应用的推广和指导准备,争取家长的支持和配合。

（2）充分了解教师、学生现有的在线学习资源,收集各类在线资源的信息,分析优劣。聘请专家教师到校进行必要的培训。聘请专业技术人员进行技术支持,为实验推进做好充分准备。

（3）充分了解线上交互平台的基本应用形式,梳理已有的应用方式的经验与不足,摸索适合学校现有条件的交互平台的架构方式。通过培训强化教师线上交互的应用能力,以及学生网上交互的基本信息素养。构筑线上教学的开放环境,为实现交互学习打下良好基础。

2.第二阶段

（1）将前测、课堂测试与后测引入电子书包、"一起作业"等线上平台,先以部分班级作为实验班开展测试,实验教师按时搜集数据、定时记录效果,做好信息的反馈工作;由点及面地铺开推广,在全校范围内开展阶段性实践操作演练,并适时跟进效果,及时调整实验的步骤及相关环节,把细节落实到位。

（2）筛选合适的实验班级及教师构建实验团队。摸索切实有利于提升学生学习能力的在线学习资源,开发融合学科知识的在线学习资源,开发适合个性化学习的差异学习资源。摸索教师引导学生利用线上资源提高学习能力的方法。

（3）筛选合适的实验班级及教师构建实验团队。根据探索出的交互形式,建构较为稳定的交互平台。通过课堂实践的锤炼,采用课例研讨的方式,探索线上与线下教学交互融合的有效途径。关注混合式教学模式的优势与劣势,在教学实践中扬长避短。

3.第三阶段

（1）通过比对分析线上使用平台的大数据,结合后台的统计结果研究线上学习分别对线下的课前、课中和课后学习所产生的具体影响。实验者通过对被测学生进行问卷调查和采访调查等形式,全面调查实验涉及的学生实验前后在学习效果上的感受,以及成绩、思维力、创造力、合作力等方面的具体变化。用数据分析法等实验方法力求证明"借助线上检测的数据资源能为线下教与学提质增效"这一预设。

（2）整合出切实有利于提升学生学习能力的在线学习资源,以及合理利用资源提高学习能力的方法。

（3）归纳出线上与线下交流的互补形式,整理出适合学科教学应用的绿色交互软件、个性化学习与教师引导的合理搭配方式,探索出促进学生捕捉线上资源与线下交互研讨的有效方式。

(4)通过教学实践的检验,逐步探索梳理出具有推广应用价值的融合模式,以案例、论文、课例视频、资源库等形式呈现项目研究成果,借助开放交流方式,实现辐射效应;通过与同类项目的研讨交流,专家的引领、指导,促进研究成果的提升和转化。

(三)组织分工

演武小学关于双线融合教学研究的课题组由校长担任组长,成员为校级领导、中层干部和骨干教师代表等,具体分工安排见表 2-2-1。

表 2-2-1　具体分工

课题组	职责	具体任务
课题管理组 组员:王志勤、庄少芸、饶洁	①课题研究的整体布局与研究方向的把控 ②课题的组织管理与调整	①确定课题研究的方向、思路及策略 ②统筹布局,协调人员、经费 ③就课题研究中遇到的问题邀请专家指导
电子书包研究小组 组员:电子书包项目组成员	①探索电子书包在智慧课堂的应用模式 ②打造线上交互平台,转变课堂学习方式	①依托在线交流,实现"线上""线下"多元融通:优势互补 ②借助绿色应用,实现"线上""线下"个性化学习:相得益彰 ③捕捉交互信息,促进"线上""线下"主动学习:相互渗透
微课资源应用小组 组员:英语、数学、美术、科学等学科实验教师	①探索微课资源在教学过程中的整合应用 ②探索线上学习资源与线下学习的融合方式	①开发学科专项资源,提升学科核心素养 ②开发复合学习资源,提升融通运用能力 ③借助差异学习资源,提升自主学习能力
教育教学数据应用小组 组员:全体实验教师	在线检测数据的收集与分析应用	①借助前测分析,确定教学思路 ②借助课堂检测,聚焦资源生成 ③借助后测设计,实现因材施教 ④借助课堂关怀系统的数据分析,调整教育教学策略

续表

课题组	职责	具体任务
创客教育研究小组 组员：刘晓霞、丁琳、高艳如、林玉妹，厦大信息学院教师	①以动漫创客、手工创客、3D＋创客、机器人创客、趣味编程创客五大项目，开展创客教育的研究 ②探索创客教育课程体系的建构 ③探索学校、企业、社会、家庭的多方合作模式	①构建整合性的创客课程体系，开发新型的教学形式，研发创客教育评价标准与激励机制 ②与厦大等高校合作，与相关企业开展校企合作，探索多元教育的整合方式 ③追踪学生的发展历程，研究创客教育对学生综合素养的影响
技术保障组 组员：信息组教师、融佳科技公司技术员、天闻传媒公司技术员	①线上学习平台和资源的提供 ②线上数据的采集与分析 ③解决实际运用中的技术问题	①提供线上学习平台与支架 ②开展技术的培训和平台、软件的更新升级 ③提供数据的采集与分析报告 ④处理技术故障，推荐新技术的融合应用

三、双线融合的教学策略

我们从四个融合点展开探索实践，扎实推进研究过程，从中梳理出相关教学策略。

（一）借助线上检测数据，明确线下教学方向

1.借助前测分析，确定教学思路

为了使教学思路更明确、教学设计有依据、教学过程有目的，同时充分了解学生学情，我们在实施教学之前利用电子书包的"预习"和"闯关"功能，在海量的网络资源中精选习题，让学生限时完成。数据统计的结果呈现于屏幕上（图 2-2-2），教师可通过电脑统计的正确率精准地得知每道题的难易程度和学生的困难点，以便在课堂上有的放矢地进行辅导和教学。除了数学学科，我们也在技能学科开展一些前测性活动。比如科学课教师在教授浮力这一知识点前，推送前测。学生在前测中对不同材质在水中的沉浮情

况进行判断,先有猜测,再于课堂上实验验证,再结合猜测进行比较分析,从而纠正原有认知的偏差。这种猜测—验证—分析的学习过程,相比直接推送知识的学习方式,能使学生对知识的掌握更牢靠,更持久。

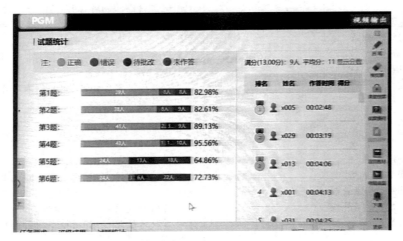

图 2-2-2　前测数据统计

当然,前测效果的好坏与前测问题的设置关系密切。这也倒逼教师在教学前对教材进行研读,找到新旧知识的关联点、触发点、延伸点,从而得到有效的前测数据。在这一过程中,学科教研组、备课组成为有效的协作团队,通过集体备课、集体研读、出题、打磨、研讨,以及先上的班级反馈,后上的班级调整的方式,不断改进学校教研文化。

信息技术在前测中扮演的角色功不可没。将前测引入电子书包、钉钉、"一起作业"等线上平台,快速获取数据是前测取胜的秘诀。大数据环境下的数据分析远比人工批改高效,数据更为完整、多元,为教师的教学提供了更为全面的支撑。

2.借助课堂检测,聚焦资源生成

相比于较为烦琐费时的传统纸质检测而言,信息技术为课堂检测提供了更便捷高效的手段。我们采用电子书包实时检测,使师生能够围绕学生课前自主学习存在的问题,通过师生、生生互动,实现难点突破、知识拓展、能力提升。比如,在英语课堂口语学习时,传统的做法是学生录好语音,老师逐个检查纠正。如果将这项工作放到线上进行,老师便可以直接通过应用软件对学生的发音及时做出评价。

在课堂上,实验班级主要通过电子书包平台的课堂测试功能进行检测(图 2-2-3)。在开发商的不断升级研发下,它可以实现每道题的答题情况分析、班级整体答题情况分析以及学生个体的情况分析,这为教师提供了多种选择。为了增加趣味性,有时教师也采用电子书包的游戏功能,通过平台的自主反馈让学生及时得到信息。还可以借助闯关形式,实现分层学习:对闯关不成功的学生集中再辅导,让闯关成功的学生进行更高阶的挑战学习。

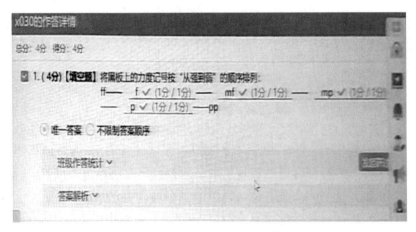

图 2-2-3 电子书包平台课堂检测

课中的线上检测操作对线下的教学至关重要:于教师而言,他们能够运用教学智慧对学生的错误资源和问题类资源进行有效调控,及时做出正确的判断,采取得当的措施不断调整自己的教学行为,如引导学生联想、类比,使课堂中生成的资源成为有效的教学资源;于学生而言,他们也能更快得到反馈,学习乐趣也增加了。课堂检测的数据不再是教师独享的资源,而是师生共有的学习资源。它为学生之间合作交流提供可能性,师生可以有选择性地点击任意学生的作品进行评价、建议,让课堂突破了座位的限制,扩大了师生交流的空间。

3.借助后测设计,实现因材施教

我们认为,推进教育信息化,要以提高学生的思考力和创造力为重点,开展基于问题的深度学习,探索线上和线下教学相互的有机融合进而提升学生的核心素养,这才是教育信息化的核心价值。为了达成上述目的,我们选择借助线上平台的后测设计(图2-2-4),针对学生的个体化差异因材施教。

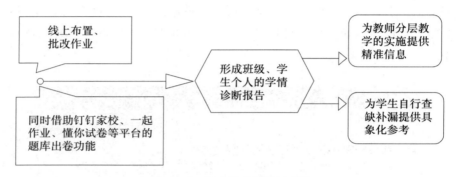

图 2-2-4　线上平台的后测设计

现代家庭手机、平板、电脑等多种线上测试设备俱全,为后测提供了多种选择。原先的后测多以各班自主选择的教育类应用程序为抓手,比如《一起作业》《作业盒子》等,没有统一的要求。学校在2019年9月率先在新入学的一年级推广钉钉家校平台,之后一共有25个班级加入钉钉家校平台。2020年春季开启的线上教学,迫切需要一个稳定的全校性的线上学习平台。由此全校40个班级全部加入了钉钉家校平台,这为演武小学线上教学的开展助推了一把。前有电子书包线上检测功能、多款教育类应用程序的应用,加上钉钉家校平台的加入,课后的检测手段和平台变得丰富起来。

除了采取线上布置、批改作业外,也可以借助如钉钉家校沟通平台、一起作业、懂你教育阅卷系统等线上平台的题库出卷、智能化批改,从而形成班级、学生个人的学情诊断报告(图2-2-5)。这样一来,教师就可以根据实时反馈数据来对学生进行有针对性的教学，不会遗漏不同学生在学习过程中不尽相同的薄弱点，进而为分层教学的实施提供精准信息，为导优辅差的指导提供具体的对象与内容的参考。学生也可以在相应测试的数据反馈中明确自己的学习效果以及自己对于每个知识点的吸收和内化情况，由此进行自我反思，开展针对性的强化，弥补缺漏，发挥自身优势，形成特长，可谓一举多得。

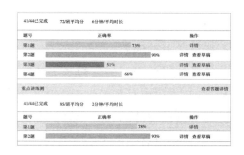

图 2-2-5　学生学情诊断报告

除此之外，在课外应用上，无纸化测试的便捷性是很显然的，当堂测试，当堂出结果，对技能学科教学班级的很多老师来说减轻了不少工作量。无纸化测试是电子书包应用的有效形式，我们在原先实验班单兵作战的基础上开始在年级推行无纸化测试，进行了一年级十以内口算，二年级乘法口诀口算，三年级综合实践、音乐学科期末测试。在主题活动的开展上，一类是以学科课外应用为方向的主题活动，以学科特色为主线，结合电子书包的优势，以年级学科为单位，开展学科竞赛类的活动。比如中年级进行汉字听写大赛，高年级进行文学常识竞赛；还有古诗词小达人竞赛、课外阅读分享活动等。第二类主题活动是学科外的应用。比如，家长会问卷调查及投票，大队委竞选才艺展示采用评分制投票形式等。这些数据的采集应用，也拓宽了线上测评实践应用的探索路径，为大数据的教育应用探索更多的可能性。

（二）借助线上学习资源，有效提升学习力

开发适切的线上学习资源，是实现"线上、线下"两端教学模式优势互补的有效手段。

1.开发微课资源，辅助线下学习

在在线学习资源的打造上，我们更充分考虑学科发展的需求，针对线下学习的局限，发挥线上学习的优势，做到指向明确、核心聚焦，实现对课堂教学的"承接"、"挖掘"和"启发"。例如，制作供学生预习和复习的微课资源，让学生借助微课预学，带着问题进课堂；借助微课复习，提炼、梳理、检测，提高线下学习的成效。

学校微课资源的建构基于学校已有的每年一届的"演武杯"教学评比活动，以及厦门市每年举办的微课大赛。2020年初的"宅"家学习促进了学校教师对微课资源的开发热情。除了被选拔参加区级微课资源开发的教师外，学校也以名师庄少芸工作室的名义开发了多节微课资源，以年级备课组、学科教研组为单位的微课资源也应运而生。

为提升教师制作微课的水平，学校向优芽动漫有限公司购买了三年的30个账号，邀请公司到校进行专项培训，改变了老师以往PPT讲稿式的微课形式。微课结合动漫形象，更为活泼有趣。学校还与优芽动漫有限公司签署协议，由公司为学校量身定制自有吉祥物"小文"和"小武"，推进校园吉祥物数字化、动态化、多元化应用，运用Dragon Bones龙骨技术，配置进入学校动漫创客教学平台。在平台内的互动电影制作工具中，可以供老师、学生在制作微课及动漫时调用，也可自定义各种丰富的吉祥物GIF动图，用在公众号等自媒体宣传上，利于扩大学校影响力。

2.利用复合资源，学会整合融通

在推进信息技术与学科课程深度融合的过程中，有效发挥线上资源的优势，搭建和开发多元融通的复合性学习资源，助力在学生线下学习生活中全面成长。

首先，演武小学多措并举推动创客教育工作，与深圳麦极创客有限公司签订合约，购买了"创客综合实践"课程资源，涵盖6个学期的学习内容。

"创客综合实践"课程体系从"创新""综合""实践"三个维度出发，强调以STEAM理念为指导的跨学科知识融合，通过学习编程、电子、搭建、手工及工具使用等相关知识技能，选取贴近生活、充满童趣的创意案例，将校本的理论知识进行综合实践与创新。目前该课程在四年级综合实践课程中率先启动，并将逐步在中高年级铺开。

其次，与专业团队合作，培养复合型创新人才，打造学生融通运用的能力。演武小学以"创客"理念开展多种实践应用尝试。2017年底，演武小学开始举办科技小达人冬令营，拉开了演武小学人工智能教育的序幕。2018年初，演武小学成立创客社团，社团工作以一名厦门大学信息学院教师＋一名演武小学教师＋两名厦门大学大学生助教的"1＋1＋2"模式展开，分六个项目组，每周五下午进行社团课活动，力求培养学生的动手能力和编程科技创新意识。2018年，在厦门市举办首届中小学生创客大赛中，年轻的演武创客社团初次征战，就取得了32人次获奖，排名全市第二的佳绩。之后，演武创客社团又在第34届厦门市青少年科技创新大赛中取得优异成绩。2019年5月，厦门市演武小学与厦门大学信息科学与技术学院本着"公益先行、资源共享、互惠共赢、惠泽师生"的原则正式签订了合作框架协议。这场大手拉小手的活动由来已久，从国防生的进校服务到创客社团的组建，一直都有信息学院师生的身影。通过院校联盟，共同扣响人工智能教育的大门，取得了突出的成绩。为深入根植创客校园文化，演武小学与厦大信息学院合作编写校本教材《物联网校本课程》，从六个创客项目中选择物联网作为突破口和复合型人才培养的抓手。

最后，筛选网络资源，寻求适合教学开展的线上资源。演武小学以天闻公司推荐的教育App为基础，配合一线教师自己寻找的绿色应用软件，合力打造便捷、有趣的线上学习新方式。网络教育资源非常丰富，只要善于利用，就是源源不绝的资源宝库。

绿色应用进课堂首先要选择合适、完全的教育类应用程序（图2-2-6）。网络资源丰富有趣，但也有可能存在风险。演武小学的教师团队层层把关，多次验证，筛选出一些适合学生使用的应用程序。比如美术学科的《色彩精灵》，科学学科的《人体消化系统模拟》《月相变化》，音乐学科的《随身乐队》，语文学科的《趣配音》《欢乐诵》，英语学科的《IWORD》，数学学科的《数独》《二十四点》等。借助这些绿色应用，为我们打开了一扇通向移动终端应用的窗口。

图 2-2-6　绿色应用 App

同时，我们也进一步挖掘本校的教师资源，倡导从微课走向微课程。激励教师以备课组、教研组为单位，开发系列化的学科微课程资源，以及以项目式研究为主题的复合型跨学科课程资源。这也是我们在线上教学资源开发中找到的突破口。

3.借助差异资源，提升自主能力

为提高导优辅差的实效性，我们开发了不同差异程度的线上学习资源，并将其推送给不同层次的学生。如为学困生开发"学前准备""简化知识结构""有效预习"的资源，缓解他们的焦虑和压抑心理；开发情境性强、趣味性强的课后复习资源，激发他们课后及时复习、掌握知识的热情和兴趣。而针对能力较好的学生，则开发和推送思维性强、综合性强、运用性强的在线学习资源，拓展其知识面，激发其求知欲。据此，让每一个学生都能在学习中快乐成长，激活其自主学习的动机和兴趣。

目前，我们在数学学科率先开启了导优辅差的线上教学资源的开发和应用。由于数学老师基本都是教学两个班级，课后辅导难度大，有限的下午第三节课辅导时间难以满足学困生的辅导需求。借助教师开发的辅差线上教学资源，可以将辅差延伸到课外、到家庭，家长借助辅差资源就可以更有重点地帮助孩子弥补缺漏。资源可以反复观看，也缓解了辅导家庭作业导致的亲子关系紧张。线上导优辅差资源还包括当天作业的难题解析讲解，为教师第二天的作业订正讲评减轻了负担。这一举措在低年级特别受家长认可。在抗疫宅家学习阶段，许多老师也采用了线上视频的方式，或展示优秀作业的亮点，形成示范；或集中讲评典型问题，直播辅导；或推送提高拓展练习，鼓励学生挑战新高度。

这种基于不同学情和学习差异需求的线上学习资源，满足了学生的个性化学习需求。

（三）打造线上交互平台，转变课堂学习方式

1.依托在线交流，实现线上线下多元融通：优势互补

线上交互平台（图2-2-7）为学生及时解决学习困难提供了便利。学生可以向网络平台寻求直接帮助，还可以邀请老师、同学共同参与讨论，共同解决问题，实现人机互动、师生互动、生生互动，学生甚至还可以通互联网向远在千里之外的教授寻求指导，突破地域的限制，构建出网状学习生态。

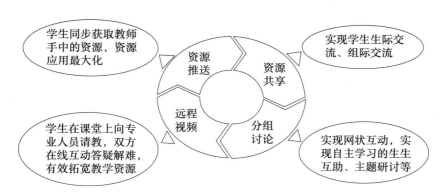

图 2-2-7　线上交互平台

线下交流是面对面的交流，具有交流的情感性，弥补了人机交流的情感障碍缺陷。我们借助线上线下互补的方式，扩大交流时空，实现多元融通、优势互补。

2.借助绿色应用,实现线上线下个性学习:相得益彰

网络教学的交互环境为实现个性化学习奠定了基础。在网络教学中,每个学生都可以根据自身的能力、兴趣、爱好自主地选择学习内容、学习进程、学习资源,按照适合自己的学习方式自主学习。

演武小学将合适的教育类应用程序引入课堂。比如在美术课堂上,学生可以使用《色彩精灵》自由地调色创作,随时修改完善,不必担心因失误而从头再来,学生有了创作的勇气。科学学科在讲授人体消化系统时,教师使用 AR 展示人体消化系统,带领学生化身孙悟空进入铁扇公主的体内,可以全程跟踪食物从入口到排泄出体外的变化情况;教师引导学生使用《月相变化》,使用者通过移动能即时观察月亮的阴晴圆缺。音乐学科的《随身乐队》,让学生可以即兴创作,调用不同的乐器进行合作演奏。语文学科的《趣配音》《欢乐诵》,或模仿影视作品配音,或自选配乐朗诵,或分享在群里展示,有效地激发了学生的表达欲望。英语学科的《IWORD》《趣配音》等应用支持对英语口语进行线上打分,对单词学习设置目标管理。数学学科的《数独》《二十四点》小游戏把数学的基础知识与游戏结合,以闯关的形式引导学生去挑战。

(四)借力人工智能教育,探索创客教育新路径

随着人工智能对社会各个领域产生重要影响,各国积极推进中小学阶段人工智能教育与人才培养。2020 年 9 月,厦门人工智能进百校项目诞生,演武小学在四、五年级开展人工智能教学;尝试将人工智能的学习主题从着眼于信息技术应用的学习转变为基于项目式的学习,再与综合实践学科结合,开展跨学科基于项目式的学习。同时结合学校创客中心的社团训练,引领更为高阶的创造性学习活动,与市区人工智能大赛活动相结合,形成有梯度多层级的跨学科项目式学习案例。

1.整合多元资源,构建主题资源

信息技术与其他学科的整合体现了数字化学习资源的运用,它可以把共享资源与课程内容融合,作为学习的对象,供学生评议、分析、讨论;也可以把共享资源作为学科教学的素材,整合到学科教学资源中;还可以通过教

师开发和学生创作，把数字化资源作为元素，把课程学习内容转化为信息化的学习资源，并提供给学习者共享。学校采用"优必选"人工智能课程资源，结合自主研发的教学资源，以及学生课堂生成的学习资源，形成了立体多元的复合学习资源。在设定主题的引领下，学生从实际生活出发，发现问题，探究解决思路，用模型拼搭和编程实现功能，用线上展示交流分享，以平台记录课堂学习数据，精准评价学习状况，形成了特色鲜明的混合式教学模式的应用样态。

2.基于任务驱动，培养设计制作能力

人工智能课堂的教学活动以任务驱动，基于任务进行设计拼搭。其间，平台提供了相应的教学资源，也为学生留了足够的创编设计空间。由此，学生从线下基于任务的讨论、设计、拼搭，到线上的编程设计，驱动操作验证，以致全班线上展示与线下分享，课堂在线上与线下间自由切换，有效地打破了课堂的局限。这样既拓宽了学生获得资源的渠道，也增加了创编的自由度，同时还丰富了师生交流分享的途径，切实提升了设计制作的能力。

创客社团的活动则更凸显了设计与制作在线上与线下之间的紧密关联。尤其是物联网、无人机、智能小车等社团，在不同的任务驱动下，呈现出精彩多样的线上线下混合式学习方式，有力地佐证了混合式学习对学生核心素养的提升作用。

3.搭建评价平台，提升课堂评价效益

课题组依托福建省信息技术与体育学科基地校建设活动与课题研究活动，运用大数据＋云计算＋移动互联网技术构建课堂教学管理平台，记录课堂 40 分钟教学过程数据，依托 SOLO 分类理论对每个学生实际学习水平进行精准测评，确定每个学生本节课的实际学习水平层次；通过数据说话，使教师获得教学反馈信息，主动调整课堂教学进程，促进自身教育教学水平不断提高，也有助于学生主动调整自己的课堂学习活动，促进以生为主体的个性化学习进程，最终使整个教学达到过程可收集、数据可分析、评价可量化、结果可复盘。

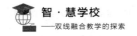

| 第三节 |

核心素养培育及养成

　　学生发展核心素养主要指学生在接受相应学段的教育过程中,逐步形成的适应个人终身发展和社会发展所需要的必备品格与关键能力。它是关于学生知识、技能、情感、态度、价值观等多方面要求的结合体;它指向过程,关注学生在其培养过程中的体悟,而非结果导向;同时,核心素养兼具稳定性与开放性、发展性,是一个伴随终身可持续发展、与时俱进的动态优化过程,是个体能够适应未来社会、促进终身学习、实现全面发展的基本保障。

　　通过双线融合教学的开展,教师们发现,它对于提升学生的核心素养将会产生一系列积极的作用。首先,有利于扩大学生眼界,引起学生对学习的兴趣,培养学生的创造性思维。在教师"线上"创设的学习情境中去体验、感知、审美,从而全面提高学生各方面的素质。"线上"的虚拟试验,可以使学生对所学内容的印象进一步加深。其次,有利于培养学生自主、协作学习的能力。帮助学生利用"线上"的资源与"线下"的小组合作、组际交流等模式,创建学习小组开展主动学习、合作学习和探究性学习。最后,有利于进一步提高学生的信息素养、实践能力和创新精神。让学生能在信息量极大的交流与碰撞中完善思维能力,形成质疑精神,激发探索意识,提高实践能力,并增进学生的思考力、想象力和创造力。

　　在教改过程中,教师要关注学生这些核心素养的变化,通过跟踪、记录、比较,发现教改课题对学生核心素养的提升产生的积极影响。

一、创设多元平台,落实创新意识培育

(一)智慧创客,提升学生科技创新能力

演武养正创客中心于 2020 年 12 月成立,下设五个实验室、八个创客社团。创客中心的建设,把创客文化与学校养正开新的核心理念进行深度对接,将引进的厦门大学高校师资与本校教师资源进行链接,锤炼出一支演武创客教师团队。借助混合式教学模式的课题研讨,我们看到学生在课堂上的主动性得到发挥,学生参与课堂学习的积极性得到响应,丰富多元的课堂学习活动深深吸引了学生。同时借助线上数据的收集,课堂教学更为精准,学生的学习全过程得以监控。参与线上教学班级学生的信息化素养也得到了发展,学生能够熟练地调用信息工具,与同伴互助,与教师互动,展示交流学习成果,客观公正地评价他人。

每学年,创客社团公开纳新,报名人数上百人,彰显了科技在我校师生心目中的重要地位。在 2023 年刚结束的厦门市第五届创客大赛中,我校共计 72 人次获奖,其中一等奖 25 人次,二等奖 27 人,三等奖 20 人。

各社团获奖人次统计见表 2-3-1。

表 2-3-1　各社团获奖人次统计

社团名称	一等奖	二等奖	三等奖
动漫创客	1	7	3
编程创客 A 组	—	2	1
科普我来说	2	3	2
物联网创客	6	6	2
3D+创客	2	—	—
无人机创客	2	4	2
智能小车竞速	8	2	4
实验连环	4	—	—
智力挑战赛	—	3	6

（二）智慧体育，提升学生体质健康水平

演武小学体育学科教研团队以基地校课题"基于学科核心素养的小学体育课堂学习评价的实践研究"为引领，构建智慧体育学习平台及运动智能平台：(1)依托学校自主研发线上评价体系，建立演武小学体育学习平台（图2-3-1）。教学中利用平板电脑采集学生学习评价的数据并基于分析结果智能评价，有效提高课堂教学的有效性。(2)运动监测平台（图2-3-2）：包括学生运动负荷监测系统、学生家庭锻炼指导系统。以运动手环对学生学校体育运动情况进行监测，实现对体育课堂教学数据的实时展示和对学生家庭运动情况的监测。根据学生体质健康测试情况和运动监测情况进行相对应的家庭锻炼指导，保证运动科学性。落实"每天校内外1小时的体育活动"，做到"智慧校园有创新，学生运动有监测，过程评价有指标，数据分析有对比，学生体能有增长"。

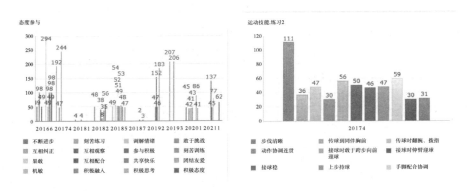

图 2-3-1　演武小学体育学习平台

（三）人工智能，凸显数字化学习与创新

借助厦门市人工智能进百校的课题，演武小学新增两间人工智能教室，并获得匹配的教学硬件设备及配套的教学资源。学校教师团队尝试将人工智能的学习主题从着眼于信息技术应用的学习转变为基于项目式的学习，与综合实践学科相结合，开展跨学科与基于项目式的学习，同时结合学校

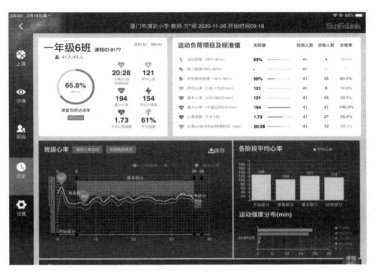

图 2-3-2　运动监测平台

"演武养正创客中心"的社团训练，引领更为高阶的创造性学习活动，与市区人工智能大赛活动相结合，形成有梯度多层级的跨学科项目式学习案例。科学思维得到发展，学生就能够理性思考，勇于探究，在各级信息学大赛及青少年科技创新大赛上崭露头角。在第二届厦门市人工智能嘉年华比赛中，演武小学科创团队在"超变战场"和"AI 未来"两个项目中取得佳绩，共计获得 2 个一等奖，3 个二等奖和 5 个三等奖。

二、依托双线交流，培养学科探索意识

（一）有效整合资源，彰显个性化学习

传统课堂学习资源主要掌握在教师手中，学生通过黑板或屏幕获取信息，属于被动获取资源。线上学习的资源推送功能可以方便快捷地将学习资源推送到学生平板。借助资源推送，将掌握在教师手中的资源最大化应用，不同层次学生推送不同资源，实现分层教学。同时，学生课堂生成的学习资源通过上传平台，实现了共享。学生的学习方式不再是等待教师传授，

自主学习、合作学习成为课堂的主流,线下学习也从单向输出转为双向交流。学校还依托福建省基地校建设以及信息与体育学科的省级课题,开展学习评价的深入研究,促进以学生为主体的个性化学习进程。

(二)融合模式探索,促进学习力提升

学校在课题实践过程中归纳梳理出切合小学学科教学的应用形式,包括课内应用及课外融合,可以归纳为以下七个方面。

(1)借助及时反馈实现数据分析,有效提高课堂教学的精准性。

(2)借助视频功能再现和捕捉课堂资源,可以将学生的思维或操作过程可视化,实现共享。

(3)借助思维导图培养思维的条理性,主要体现在语文学科的梳理文章脉络,梳理人物关系,编拟习作提纲、梳理复习阶段的知识体系。

(4)借助交互性改变学习方式,自主学习、合作学习成为课堂的主流。

(5)借助分组讨论实现网状互动,它打破了教室的时空局限,使交互反馈的范围和时效性得到加强。

(6)融入绿色应用,提升课堂效应,借助教育类绿色应用,打开了一扇通向移动终端应用的窗户。

(7)借助钉钉家校平台,开辟直播教学、直播回看、家校本作业管理以及班级圈展示交流等多种线上教学方式。

第三章

笃行：

双线融合课堂教学的实施

厦门市演武小学将在线教学和传统教学的优势结合起来，致力于实现"线上教学"与"线下教学"的有效融合，通过互联网＋技术赋能教师的教与学生的学，将原来以学科为主体的课堂转为以学生为主体的学科融合式课堂，推动学生由被动学习向主动学习、由浅层学习向深度学习转变。

| 第一节 |

双线融合课堂教学设计

一、数字环境下"学·思·行"课堂教学模式简析

（一）"学·思·行"教学理念溯源

追溯"学·思·行"教学理念的起源，可从我国古代圣人语训、典籍中略窥一二。早在春秋时期，我国古代伟大教育家孔子便提出"学而不思则罔，思而不学则殆"。荀子亦云"吾尝终日而思矣，不如须臾之所学也"。两位先哲都充分认识到了学习和思考的辩证统一关系。在《礼记·中庸》中记载的"博学之，审问之，慎思之，明辨之，笃行之"则强调了学习"学、思、行"顺承又统一的逻辑。时至宋代，陆游诗云："纸上得来终觉浅，绝知此事要躬行。"明代，哲学家王守仁提出："知是行的主意，行是知的工夫；知是行之始，行是知之成。"两位大家亦强调了学习和实践的辩证关系，实践对于知识获取的重要意义和价值。古代先哲的话语，均指向学问取得的必经之路——"学思结合、知行统一"。

近现代以来，"学·思·行"的教学理念依然为教育界所推崇。陶行知先生提出"生活即教育"。《国家中长期教育改革和发展规划纲要》则明确提出："创新人才培养模式必须注重学思结合、注重知行统一、注重因材施教。"教育教学就是为了让学习运用于实践，以思考为转换桥梁，把知识学习和生活实践结合起来，更深刻体会和巩固知识，形成应有的能力，真正提高学生的素养，达成育人目标。

（二）新时代数字环境下"学·思·行"课堂教学模式解析

步入信息时代，数字技术的发展，为教育教学带来了新的变革和挑战。

数字环境下的"学·思·行"课堂教学,与传统课堂教学相比,有了新的内涵和实施路径。数字环境下的"学·思·行"课堂,是借助数字技术,创设真实情境,让学生全身心地沉浸学习。在情境任务的驱动下,通过感悟、思维、交互、探究等一系列主动行为,掌握学科核心知识,发展思维,形成思想,并迁移运用,形成可供观察和评测的学习成果,进而发展核心素养,形成解决实际问题的能力。

其中,"学"指向于亲临情境,身心投入,沉浸学习;"思"指的是丰盈情感,多元思维,树立认知;"行"可理解为形成能力,迁移实践,勇于革新。

"学·思·行"课堂中,"学""思""行"并非割裂化、程序化的三个教学阶段,其三者是相互融通、相互催生的。"学""思""行"均可作为教学的起点或终点。"学·思·行"这一课堂教学模式体现了新课标所提倡的核心素养导向,契合"教学评"一致性,能有效落实立德树人的根本任务。

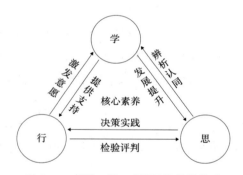

图 3-1-1 "学·思·行"课堂教学模式

(三)数字环境下"学""思""行"内涵解读

1."学"的内涵

(1)"学"情——立足学生。

即学生为学习主体的能力起点。在数字环境下,主要指借助信息技术的支持,对学生进行精准的学情诊断和分析,了解学生的现有能力和最近发展区,以助力教师制定教学目标,优化教学设计,制定评价标准,实施课堂教学。

（2）"学"场——情境体验。

即学习生发的环境。在数字环境下，教师可以借助信息技术，连通"线上、线下"学习场域，营造具有真实体验的开放式学习情境，让学生全身心投入学习体验中，在任务驱动下沉浸式学习，提升课堂学习的实效性。

（3）"学"法——掌握结构。

即可迁移运用的学习方法。教师应借助信息技术，借助数据采集、分析，形成助学支架，让学生具体可感地认知自己的学习历程，提取知识"理解、掌握、实践"的过程逻辑，形成结构化知识，以将之进一步迁移到相关联的学习实践中。

2."思"的内涵。

（1）"思"悟——认知理解。

即对知识的接受和理解。学生在课堂学习过程中，通过瞄准学习的核心问题和关键要素，在教师的帮助下经历身心沉浸、情感充盈、问题探究等一系列过程，达成对学科知识的领悟，使学科知识转化为自己的结构化经验。

（2）"思"维——发展智慧。

思维，指的是学生在学习过程中，对所获取的知识进行主动调用和加工，进行如联想想象、分析比较、归纳判断等一系列认知行为，进而形成判断，发展智慧。思维形式丰富，包含直觉思维、形象思维、逻辑思维、辩证思维和创造思维等。数字环境下丰富的信息技术支持，可以将原本内隐的思维进行可视化表达，进而让思维的生发"看得见"。

（3）"思"想——树立观念。

"思"想指学生经历了学习的过程，在思悟和思维的基础上，逐步建立起正确认知学习的态度，形成如敬畏学习、求真求知、崇尚真知、积极思考、探索创新等一系列习惯，进而逐步完善人格，树立正确的学习观。

3."行"的内涵

（1）"行"为——课堂实践。

即学生在课堂学习过程中，为达成知识的理解和运用，所进行的一系列

主观能动行为,包含且不局限于质疑、倾听、表达、交流、实践、评价等。得益于数字技术的支持,原本有限的课堂教学时空得到延展,学生可以进一步拓宽其学习行为的实施路径,开展丰富的课堂实践体验。

(2)"行"程——留下痕迹。

即学生所经历的学习历程。借力信息技术,教师可对课堂学习数据进行跟踪、采集、分析、评价,让学生明晰学习起点、制定学习目标、选择学习工具、探索学习路径、检验学习目标的达成度等,进而实现学习过程的可视化、具象化。

(3)"行"动——主动迁移。

即学生经历真实的学习,在掌握学科核心知识和能力、提升核心素养的基础上,能够主动迁移、综合运用,以直面真实性、复杂化、挑战性的问题,进而达成改造世界的主观意愿并身体力行。

(四)数字环境下"学·思·行"课堂教学的特征

1.情境创设营造沉浸式学习体验

"学·思·行"课堂教学需要营造真实的学习情境,让学生在情境中开展学习实践,完成任务,解决问题。依托数字信息技术,运用声光电资源,拓展线上学习时空,可以打通学习场域的限制,为学生营造传统课堂教学中难以实现的情境感,并以情境任务为驱动,让学生全身心地沉浸学习,提升课堂教学的实效性。

2.数据分析助力精准课堂教学

借助信息技术支持,教师可通过学前检测、课堂观察、作业分析等助学系统,对学生的课堂学习进行课前、课中、课后三级实时观测,掌握学生的学情状态,汇聚课堂学习的生成性资源,呈现学生的学习成效和成果作品;进而让"学"有标准,让"思"有依托,让"行"有空间,有效提高课堂教学的精准性。

3.结构化图示呈现思维生长过程

体验、思维、感悟作为内隐式的认知体验,在传统课堂教学中难以观测和具象化。而通过数字信息技术的支持,有效运用思维导图等结构化图示工具,可以帮助学生直观化呈现"思"的路径;借助"教学评一体"的课堂教学管理平台,可以帮助学生实现"思行"迁移,有效实践。

4.多维资源拓展多元学习路径

"学·思·行"课堂教学模式强调学生融通运用所学习的结构化知识,迁移实践于新问题的探究和解决。在此过程中,学生的学习不再局限于传统单一学科的思维模式,联系、跨界、融通成为"学·思·行"课堂的一大特征。借助数字信息技术,教师可调用多维助学工具、学习资源,为课堂学习打造丰富的资源包,帮助学生在学习过程中建构联系,提升思维,迁移实践,解决问题。

5.智慧助学演绎教学评一体课堂

在课堂教学中,"学""思""行"三者相互依存,相互催生。"学·思·行"一体的课堂,其外显形式亦不可能脱离于"教学评一体"化的呈现。在数字技术的支持下,教师应综合运用多样化的智慧助学工具,为学生的学习、实践、评价搭建标准和平台,实现课堂"教学评"的三位一体。

二、语文学科双线融合教学设计案例

（一）《厦门欢迎您》教学设计

1.教学内容

部编版二年级上册第四单元语文园地。

2.教学目标

(1)通过观察火车票,认识 8 个生字。

(2)引导学生在生活中借助非连续性文本,提高识字的兴趣。

(3)了解火车票上的主要信息,初步掌握有序、全面提取信息、比较信息的方法,能从图文材料中找出有价值的信息。

(4)借助电子书包,实现及时统计、反馈,提高课堂教学效率。

3.教学重难点

(1)引导学生在生活中借助非连续性文本,激发识字的兴趣。

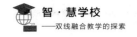

（2）了解火车票上的主要信息，初步掌握有序、全面提取信息的方法，能从图文等组合材料中找出有价值的信息。

4.融合点

打造线上交互平台，转变课堂学习方式。利用课堂提问功能，让学生比较、批注，浏览同伴笔记，增大交流面。通过电子书包这个媒介实现跨空间之界，做到生生之间有效互动，学生打破了空间限制。同时，可以实现教师对学生课堂学习情况的实施跟踪，做到及时反馈。这也是语文学科与信息技术学科融合的实践。

5.教学过程

任务一：初识车票，迎接客人

（1）谈话导入：厦门经济特区发生了巨大的变化，在特区建设40周年之际，南昌的几个朋友慕名而来。作为主人，今天咱们有个任务——去车站迎接客人。去哪里接？什么时候去接？老师为你们提供了一条信息。

（2）通过问题引导，读懂车票信息，并随文识字。

（3）小结。

任务二：合作阅读，预订门票

（1）四人小组合作读一读这些门票上的信息，注意找信息要有序、全面，不认识的字互相教一教，选择你们觉得最想推荐的景点进行投票。

（2）出示统计图，经过刚才的投票，你们从统计图中发现什么了？

（3）选择人数最多的景点，请同学来说说为什么选择这个景点，说说你的理由。

（4）小结：只要我们留心观察，生活中处处有语文。

任务三：读导览图，规划路线

（1）学会读懂导览图。

（2）出示任务，在电子书包上完成任务并交流。

①任务一：读懂图例，找出景区中的餐饮场所、洗手间、医务室等，并圈画出来。

②任务二：根据给出的条件在导览图中画出最佳路线。

任务四：拓展阅读，巩固知识

(1)拓展阅读：学生进行分层阅读。

(2)交流收获。

6.教学反思

这节课开启了低年级非连续性文本的学习。

首先，跨生活之界。整个第四单元以"风景名胜"为主题，在整个单元的学习中，在培养学生语文素养的同时潜移默化地融合一些图文、地理知识。在这个主题背景下，到了语文园地四，再以厦门建设经济特区40周年为契机，跨生活之界，创设迎接客人到厦门参观的生活场景，激发学生的学习兴趣，引起学生的学习期待。以这条主线贯穿整堂课的学习，甚至延续到下节课：结合阅读《画家乡》，跨身份之界化身小解说员对厦门进行介绍。

其次，跨教材之界。教材只提供了一张车票，利用园地四中的一张车票引入，通过问题的设置，引领学生学会读懂非连续性文本，这是教的过程。接着跨教材之界提供生活中的图文类文本素材，通过合作学习，提高学生提取信息的能力。根据课堂生成的统计图进行学习，跨学科之界，融合数学学科的知识读懂统计图，在阐述理由的过程中既比较了文本信息又锻炼了口头表达能力。

最后，利用电子书包实现跨空间之界，做到生生之间有效互动，学生打破空间限制，交流面较传统课堂更广，每个孩子都能动起来。同时，可以实现教师对学生课堂学习情况的实施跟踪，做到及时反馈。

课标在第一学段的阅读目标中指出借助读物中的图画阅读。生活中的车票、门票、路线图都是实用的图文类非连续性文本。它有独特的价值，它是理性而准确的，它以独特的形式简洁明了地表达意义，让人快速摄取信息，特别是对低年级的学生来说，他们更喜欢图解文字、色彩鲜艳比较直观有趣的文本，因此非连续性文本阅读教学可以从低年级抓起。同时，为中高段的非连续阅读打下基础。

（二）《新闻斗阵行》教学设计

1.教学内容

五年级实用性文本阅读与写作。

2.教学目标

(1)借助教师推送的资源,自主合作探究新闻报道的特点和基本结构。

(2)学会写新闻标题和新闻导语,借助远程连线了解新闻主体的写作及特点。

(3)对新闻报道写作充满兴趣,学会用心观察生活,提高对社会生活的关注度。

3.教学重难点

五年级教材中并没有新闻体裁出现,但新闻是学生生活中不可或缺的内容。他们借助新闻看世界,却不知道如何甄别。了解新闻,了解新闻的写作,也是了解生活的一扇窗户,也能提升高年级学生在习作选材、立意、表达上的能力。本节课将借助电子书包实现了解新闻、尝试创编的教学目标,同时通过电子书包的合作探究平台突破"学写新闻标题和新闻导语"的重难点。

4.融合点

(1)改变以往的四人小组讨论模式,借助信息技术实现线上分组研讨,各组员之间可以实时发表观点,并对其他组员的回答进行评价。线上的分组交流节约了课堂的讨论时间,同时可以让每一位学生都有机会表达自己的见解,并从其他学生的回答中获得二次学习的机会,使课堂生成性资源得到有效利用。

(2)借助信息技术,实现课堂练习的在线提交,让学生的练习能第一时间得到相应的评价,同时也促进了学生之间的交流互动。学生可通过浏览其他人提交的课堂作业,发现自己的不足,或是给其他同学提出修改的建议;教师可通过浏览学生提交的作业,及时发现学生的易错点并进行纠正。

(3)借助网络和微信平台,让学生与校外的专家进行连线,将课堂延伸至教室外,使小课堂变成大课堂,开拓了学生的视野,也让学生树立起网络资源共享与交流的观念,在课后能多利用信息技术平台拓宽自己的学习面。

(4)借助电子书包的合作探究功能,改变传统的合作探究模式,把合作探究的自主权、评价权实实在在地还给学生,不仅实现了生生互动,还促进了各探究小组之间的竞争与合作。

5.教学过程

任务一：新闻抢先看

(1)推送新闻素材,引导学生投票判断哪些素材可以写成新闻。

(2)引导学生查看投票结果,总结投票理由,在交流中明确新闻的特点：新近、真实、有价值。

(3)推送对比文本供学生阅读,引导学生感悟新闻文体特点。

(4)交流并小结。

任务二：新闻小练兵

(1)出示多个新闻标题(新闻内容都是相同的),引导学生读标题,思考：怎样拟标题才能让读者有阅读的欲望?

(2)引导学生交流看法。

(3)组织学生分组合作,为一则新闻素材拟标题。

(4)引导学生在线浏览各组拟的标题,并为心目中最佳的新闻标题点赞,评论。

(5)统计并公布点赞数,引导学生在评价中归纳出新闻标题的拟写要求：有吸引力、包含主要信息。

(6)向学生推送几则新闻的导语,思考：新闻的导语要怎么写?

(7)交流概括导语写作要素。

(8)出示一则新闻素材,引导学生口头练习"写"导语。

任务三：新闻大比拼

(1)通过电子书包推送班级报纸征稿启事。

(2)发起在线研讨。

(3)引导学生在线互动,为写得好的同学点赞或为其他同学提出修改意见。

(4)公布在线研讨成果并讲评。

(5)引导学生追问：新闻主体该怎么写?

任务四：(延伸学习)新闻斗阵行

(1)通过布置家庭作业,激发学生探究的欲望：新闻主体怎么写?

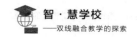

（2）通过微信平台与新闻专业的权威人士远程连线，解答学生的疑惑。

（3）布置作业。

6.教学反思

本堂课以平板电脑和 AiSchool 电子书包平台为媒介，依托电子书包多元工具的深度"对话"环境，注重学生在学习时的主动性、互动性发挥，强调学生的个性化学习，让教学在有效互动与高效反馈中层层推进。

教学设计主要包括以下环节：推送电子校报，了解新闻特点；推送素材，选择新闻；合作拟标题，投票选最佳；现编导语，在线点评；在线编写新闻，合作点评；远程连线，解疑释难；课后完善新闻，使用荔枝电台播报。环环相扣的信息化教学环节，让信息技术的运用与教学过程的推进深度融合。

电子书包作为智慧课堂的学习工具，不仅带给使用者实用的功能，还可能引领学习方式的改变。因此，在本节课的设计中，新闻的学习不是灌输式的，而是学生在教师推送的资源中自主发现，通过合作探究、协作修改获得的，学生通过投票做出选择，就自己生成的资源展开评议、修改，连线专业人员解难解疑，课后独立完成新闻写作并发布交流。教师是学习的组织者，学生是课堂的主导者，教师因材施教，因势利导，体现了对"学生立场"的尊重。

三、数学学科双线融合教学设计案例

（一）《认识梯形》教学设计

1.教学内容

人教版第七册第五单元《认识梯形》。

2.教学目标

（1）在画"只有一组对边平行的四边形"的过程中建立梯形的直观表象，感知梯形的本质特征。

（2）通过小组合作，探究等腰梯形和直角梯形的特征。

（3）在沟通与比较中感悟平面图形之间的内在关系。

3.教学重难点

重点：

(1)感知梯形的本质特征,知道梯形的各部分名称。

(2)知道等腰梯形和直角梯形的特征。

难点:感悟梯形与四边形之间的关系。

4.融合点

(1)利用 flash 动画进行分割操作,四分投屏作品。在打开学生思路的同时,还有利于丰富学生感知,建立具有"只有一组对边平行"特征的图形表象,同时也初步给出了梯形与其他四边形之间的联系。

(2)借助几何画板的拖动功能,帮助学生进一步判断和感悟等腰梯形和直角梯形的特征。在调动课堂气氛的同时也沟通了一般梯形与特殊梯形之间的联系。

(3)借助作答统计,教师可以及时了解学生的掌握情况,有针对性地讲评,再由四人小组讨论解答大家的疑惑,提高学习效率。

(4)微课的运用既巩固了本节课的知识,又拓展了学生的思维。

5.教学过程

环节一:常规积累

课前播放生活中的图形。回顾两组对边平行的四边形。

师:我们已经学习了一些特殊的四边形,它们之间有什么联系呢?

回顾正方形、长方形、平行四边形的联系。

环节二:感知梯形本质特征

引入:有没有"只有一组对边平行"的四边形呢?

(1)聚焦没有平行对边的图形。呈现不规则四边形、等边三角形(图3-1-2)。

组织操作:请你添一条分割线,形成一个只有一组对边平行的四边形。

出示学习要求(图3-1-3):

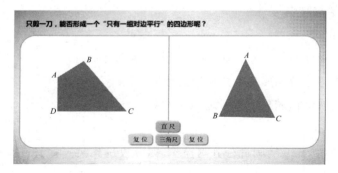

图 3-1-2　出示图形

> **学习要求**
>
> 1.议一议:不规则四边形和三角形分别可以作哪些边的平行线?有几种情况?
>
> 2.分一分:小组成员一人选择一条边作平行线,创造"只有一组对边平行的四边形"。
>
> 3.验一验:利用工具,检查创造出的图形是否满足题目条件。

图 3-1-3　学习要求

教师收集并呈现不同资源,展开集体交流(图 3-1-4)。

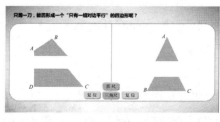
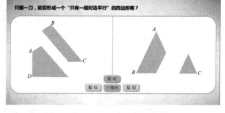
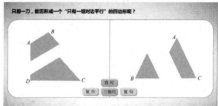

图 3-1-4　教师收集并呈现不同资源

辨析：谁创造成功了？

明确创造成功的条件。

打开思路：只能平移到这个位置吗？只能作这条边的平行线吗？

四人小组合作，两个图形，一人选择一条边作平行线，创造"只有一组对边平行的四边形"。

展示资源，归纳方法。

（2）聚焦已有两组对边平行的四边形。

教师呈现长方形、平行四边形（图 3-1-5）。

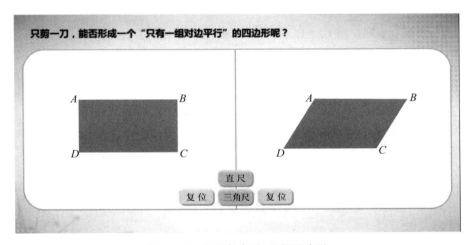

图 3-1-5　呈现长方形、平行四边形

生动手操作画分割线（图 3-1-6）。

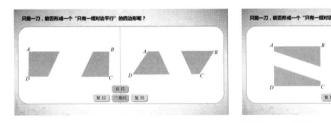

图 3-1-6　生动手操作画分割线

归纳方法：有两组平行的对边，可以破坏一组，保留一组。

(3)聚类分析:揭示梯形的概念。

师:像这样,只有一组对边平行的四边形,就叫作梯形。

揭示课题。

环节三:梯形各部分名称的认识

(1)组织学生自学课本中梯形的名称及特点。

(2)出示各种类型的梯形,师指位置,生说名称。

环节四:探索等腰梯形和直角梯形的特征

(1)展示课前欣赏图片:梯子、车玻璃、鞍马和水库大坝——抽象出梯形。

引导学生观察哪几个梯形长得像,聚焦等腰梯形。

(2)组织学生操作发现等腰梯形特征——介绍等腰梯形。

思考:为什么生活中等腰梯形多?

(3)几何画板出示一般梯形:移动 C 点,将一般梯形变成等腰梯形。

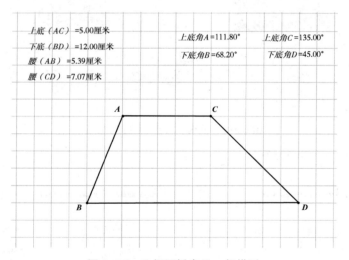

图 3-1-7　几何画板出示一般梯形

生上台操作:移动 C 点使一般梯形变成直角梯形。

(4)聚焦直角梯形。

引导学生观察水库大坝横截面——介绍直角梯形及应用原理。

环节五：沟通梯形与其他图形之间的联系

(1)沟通梯形与特殊梯形之间的联系，建立集合圈。

(2)沟通特殊梯形与其他图形之间的联系。观察哪些图形添上一条线就可以形成直角梯形或等腰梯形。

四人小组回顾讨论刚才创造梯形的过程，动笔画线，并折一折。

(3)沟通梯形与其他四边形之间的联系，进一步完善四边形关系图。

学生观看微课，了解不同四边形之间的关系。

6.教学反思

概念的学习就是一个剥笋的过程，学生一层一层的剥，一层一层的学，教师不仅要教概念，而且要带领学生透过表面现象去发现本质和内涵。三年级时，长方形和正方形的认识是图形特征认识的起始课，教师教学中引导学生从边和角两个维度去发现图形特征。对平行四边形的认识，孩子经历"猜想、验证、归纳——平行四边形与长方形正方形的关系"，发现平行四边形都是两组对边分别平行的四边形。而到了梯形的认识，学生虽然知道"梯形"，但对梯形的概念是模糊的。因此，在这样的前提下，教师顺应对知识结构体系的完善，提出问题：有没有只有一组对边平行的四边形呢？从梯形的产生入手，通过多维度创造来感悟梯形的这个主要特征，那么本课的教学结构就是"产生图形——发现特征——梳理关系"。在经历创造的过程中，孩子们已经不知不觉地弄清楚了梯形与其他四边形之间的关系。

（二）《数字编码的秘密》教学设计

1.教学内容

人教版数学三年级上册《数字编码的秘密》。

2.教学目标

(1)通过认识身份证号码、邮政编码等生活中常见的数字编码，体会数字编码的特点，初步探索数字编码的方法。

(2)经历设计编码的过程，初步学会用数字进行编码解决生活中的简单问题，培养学生的应用意识和实践能力。

(3)体会到数学在生活中的运用,激发学生学习数学的兴趣及运用数学的意识。

3.教学重难点

(1)了解身份证等号码的含义,体会数字编码的特点。

(2)通过了解编码的意义,学会用数字进行编码。

4.融合点

(1)通过电子书包发送微课视频材料给学生自学,让学生初步认识身份证号码各个数位所表示信息的含义。学生可以自己选择快慢速度,充分理解每个数字表示的含义。

(2)通过电子书包游戏练习,检测学生对身份证号码每个数位所表达信息的理解。

(3)小组讨论"将四间梯形教室作为留观区,每间教室都分成了三个区域,为这些教室里每个座位编码"的方案,将方案通过电子书包平台拍照上传,同学们可以在平台上看到其他小组的作品,并给予点赞和评价。

(4)通过电子书包平台,给予学生学习资源包,让学生个性化选择想要了解的生活中的编码。

5.教学过程

环节一:情境导入,激发兴趣

(1)接种疫苗情境回顾(学生观看视频)。

(2)引导学生理解数字编码的含义,揭示课题。

(3)探究胸卡上数字编码的含义,帮助胸卡找到主人。

环节二:自主探究,收获方法

(1)初识身份证。

拿什么数字编码作为材料最合适呢?(学生达成一致意见:使用身份证)

(2)试探身份证。

哪些信息可以用来编写居民身份证号码呢?电子书包发布秒懂百科视频,学生通过学习认识身份证号码表达的信息。明确身份证号码包含:地址码、出生日期码、顺序码、校验码。

（3）深究身份证。

游戏互动：同年同月同日生的双胞胎，他们的身份证号码会不会一样？以此体会数字编码的唯一性。

（4）判断身份证。

①电子书包游戏：圈一圈编码。

你能快速说出他是男生还是女生吗？你是怎么知道的？

他的生日是哪一天呢？圈一圈？

他今年多大年纪呢？你怎么知道的？

②电子书包游戏练习：小胖一家五口人要一起去医院接种新冠疫苗，糊涂的小胖把家人的身份证号给弄混了，下面有 5 个身份证号，你能帮助小胖找到这些身份证对应的主人吗？

环节三：联系生活，应用创新

（1）生活中的数字编码。

生活中哪里有数字编码？使用电子书包发布生活中的编码资源包。

（2）四间梯形教室作为留观区，每间教室都分成了三个区域，为这些教室里的每个座位进行编码。

学习任务：

（1）想一想，座位的编码需要包含哪些信息？

（2）写一写，简单说明编码中的信息（举个例子说明）。

学生完成学习任务后拍照上传电子书包平台，同时可以浏览其他小组方案，并给予点赞和评价。

6.教学反思

信息技术助力教与学突破时空限制，对教育产生巨大影响。信息技术与小学数学教学融合，从技术和文化等多角度对学生的发展起到一定的作用。将小学数学课内外教学重新整合，既能落实"双减"政策，减少学生学习压力，又能提升学生的数学核心素养和公民个人素养。本节课是三年级上册数学的内容。本节课的教学思路是：情境导入激发兴趣；自主探究编码方

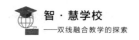
法;联系生活应用创新。从生活化的情境出发,让学生逐步探索编码的规律,最后将习得的知识应用、实践和创新。

(1)信息技术助力,强化学生感知。

数学学科比较抽象、逻辑性强,很容易使小学生感觉课堂过于严肃和枯燥,学习起来平淡无味。信息技术环境下的课堂教学,能从文字、声音、动画等方面全面地展现教学内容。全方位地作用于学生的视觉、听觉等多种感知器官,吸引学生,提高学生的注意力,激发学生学习的兴趣,增强学生的求知欲,强化学生的感知。

在"数字编码的秘密"这节课中,教师先通过课前学生胸卡这个生活中的例子引入,让学生发现,数字编码就在自己的身边。学生自然地联想到生活中最常见的数字编码也就是身份证号码。通过在电子书包发布秒懂百科微视频,让学生在课堂中充分认识身份证号码中每个编码所表示的含义。学生可以自主控制视频播放的快慢速度,不同接受能力的孩子都能够在观看完微视频后有所感知,每一位学生都能充分参与课堂。

(2)融合信息技术,发展应用意识。

发展学生的数学核心素养,是当前小学数学教师都应该关注和切实落实的重要任务。应用意识作为小学数学学科最核心的素养之一,在传统的数学课堂上往往落实在简单的练习上,与学生的生活实际相距较远。作为小学数学老师,应当与时俱进,通过融合信息技术,改变原有的教学方式,培养和发展学生的应用意识。

在"数字编码的秘密"这节课中,学生们认识了身份证号码中每个编码所表示的含义之后,就要让学生学会将所学的知识应用到生活当中,培养学生的数字应用意识。教师此时将练习的情境又放到接种疫苗中,通过小胖一家接种疫苗需要用身份证号码的情境,让学生应用所学。通过电子书包的分类拖动游戏练习,巩固所学,提高了自己应用所学知识解决生活问题的能力。

(3)落实双减政策,提升综合能力。

作为一线数学教师,在减轻学生过重的学习压力的同时,也不能减少对学生能力的培养和提升。双减政策中很重要的一点是减轻书面作业，但如何减负不减质，在减少书面作业的同时，也能提升学生的综合能力呢？

在《数字编码的秘密》这节课后，学生学会了应用编码的方法，主动为留观区的座位进行编码。这个活动给予了学生充足的发挥空间，只要掌握数字编码的表示方法，学生可以创造出不同的编码方案。但是一节课的时间是有限的，书面作业又显得枯燥乏味。于是，教师将微视频融合进课后拓展练习中。通过学生们自己录制的微视频讲解，老师可以了解到学生对编码知识掌握的情况。学生可以通过班级圈的视频交流，互相点赞评论，不断改进自己的编码方案，在学会编码方法以外，也提升了自己的数学语言表达能力。

（4）立足数学课堂，提升核心素养。

"学生发展核心素养"主要是指学生应具备的，能够适应终身发展和社会发展所需要的必备品格和关键能力。核心素养是学生知识、技能、情感、态度、价值观等多方面的综合表现，强调终身学习。教学课堂就是促使学生核心素养落地生根的最直接的途径之一。

在《数字编码的秘密》这节课中，有这么几个环节，渗透了学生发展核心素养的培养。第一，是在课堂伊始，学生捡到胸卡的环节，落实了"拾金不昧"优良品质的培养。第二，是在课堂上，让学生猜想为什么身份证号码中省的代码需要两个数位，了解国家国情，增强学生的民族自豪感和爱国情怀。

作为教师，我们面对的是国家未来的建设者，因此，在课堂上我们不能拘泥于传统教学的三维目标，而应该将目光放长远，让学生的核心素养落地生根。

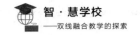
四、英语学科双线融合教学设计案例

（一）"Where do you live?"教学设计

1.教学内容

英语（新标准）（一年级起点）二年级下册 Module9 Unit2 "Where do you live?"

2.教学目标

（1）在看、听、说的活动中，获取、梳理对话中 Tingting 的家庭地址和回家路线；（学习理解）

（2）在教师帮助下，依据地图和板书提示，分角色表演对话；（应用实践）

（3）明白在与人交流过程中要注意礼貌用语的使用；（迁移创新）

（4）在小组内交流自己从学校到家的路线，并向全班汇报交流结果。（迁移创新）

3.教学重难点

（1）教学重点：

通过使用交互多媒体，学生能熟练谈论从学校到家的路线，实现贴近学生生活的综合语言运用，契合课标对英语学科的最终目标阐释：用英语做事。

（2）教学难点：

①学生通过使用交互多媒体课件进行自主探究，明白新旧知识融合"1＋1＞2"的学习方法。班级学生英语水平个体差异大，后进生自主探究空间难保证。

②全体学生能流利朗读课文。但课文长句多，朗读正音工作量大，传统教学难以关注到每位学生。

4.融合点

（1）Show the way for Sam.

Ss move the picture on their pad，and discuss with their partner.

教师设计简单路线图交互操作（图 3-1-8），用电子书包推送给学生，开放讨论,让学生自主操作、练习,用已学指令简单组合,尝试指路。为新知的学习搭一步梯子,做铺垫。

图 3-1-8 角色扮演

(2)Know where Tingting lives.

Where does Tingting live?

A.Apple Street　　　B.Apple Road

图 3-1-9 学生操作答题

Learn the new word"Street".

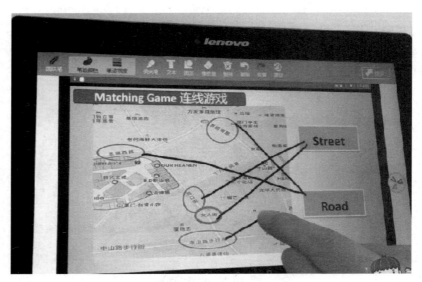

图 3-1-10　辨析单词

使用电子书包推送题目,让每位学生都有自主作答的空间,教师能快速获得全班学生答题情况,并给出相应评价。

(3)Help Sam to find Tingting's home.

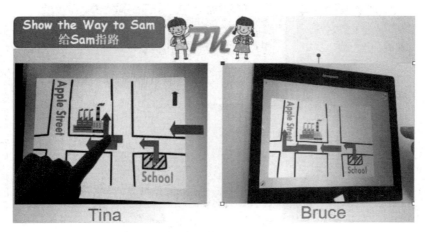

图 3-1-11　根据内容帮山姆指路

Where is Apple Street? Discuss with partner，and try to give directions to Sam.

用电子书包推送探究地图给每位学生，给每位学生自主思考、探究、表达的空间。过程中鼓励同桌讨论、互帮互助。

5.教学过程

环节一：Warming-up and revision

(1)Lead Ss to do and say.

T：Turn left.Turn right.Go straight on…

(2)Lead Ss to know about the assessment.

Boys and girls will have a race from school to your house.Let's see who will be the winner.

(3)Lead Ss to show the way for Sam.

T：In last class，Sam lost. Where does Daming live? Can you help Sam? Please discuss and give directions to Sam.

环节二：Leading-in and present the task

Topic：Show the Way.

Today we'll learn M9U2 Where do you live? And give directions from our school to your home.

环节三：Prepare for the task

Task 1：Lead Ss to know where Tingting lives.

①Lead Ss to watch and choose.

T：Where does Tingting live?

A：Apple Road.

B：Apple Street.

Teach：Street.

②What street do you know in Xiamen?

Lead Ss pair work：Where do you live?

T：Tingting lives in Apple Street.Where do you live?

Pay attention to the pronunciation: where.

Task 2: Lead Ss to learn directions from Tingting.

①Lead Ss to try to show the way for Sam.

T: Where is Apple Street? Discuss with your partner, and try to give directions to Sam.

②Lead Ss to listen and learn.

T: Let's learn from Tingting.

Teach: Go out of the school, go past the factory.

T: Practice in two.

Task 3: Lead Ss to listen and read.

Lead Ss to listen and imitate.

环节四：Finish the task

Lead Ss to talk about their home and give directions.

6.教学反思

(1)单元整合，综合备课。

本模块是小学阶段第一次接触指路祈使句，在第一单元教材重点呈现了"Turn right""Turn left""Go straight on"三个祈使句。第二单元的课文情景是放学的时候 Sam 问 Tingting 住在哪儿，Tingting 告诉 Sam 自己住在 Apple Street，Sam 追问 Apple Street 在哪，Tingting 详细地说明从学校到 Apple Street 的路线。本课的语言结构虽然大多已学过，但六个话轮，Sam 用三个 Where 开头的问句连续追问，给学生的语言模仿造成一定难度。所以在单元整体设计中，教师设计第一课时着重操练"Turn right""Turn left""Go straight on"三个祈使句，并进行课文情景角色扮演。第二课时弱化"Where are you going?"问句，重点学习谈论家庭住址并描述从学校到家的路线。第三课时巩固复习指路指令，设计从 Where are you going 开始的话轮，谈论放学后去哪里并指路。

(2)以生为本，结合实际。

教师充分考虑学生学习情况和学习难度，设计独特，重在解决难点。学生在第一单元已经学习了三个祈使句,并进行了一定的操练,但仍有部分同学易混淆 turn left/right 指令。从前一课的简单祈使句,到本课根据地图说出复杂的指路引导,跨度较大,对二年级的学生有难度。学生已在美术课程中学习绘画从学校到家的路线,包括画出出发点、目的地、途经重要标志物。所以教师设计了特色评价,引导学生反复强化 turn left/right 指令,并利用综合语言运用活动,帮助学生将已学的语言知识加工、整合,描述从学校到自己家的路线。

(3)语言滚动,逐步达成。

教师设计开放性导入,利用上节课的情景,设计简单的指令组合地图,让学生互帮互助,将动作指令简单组合,尝试指路,为新知学习搭建梯子。面对课文 6 句组合的复杂指令,教师让学生先利用现有的知识表述指路,再与课文对照,着重于"go out of the school,go past the factory"两句的学习,帮助学生明确学习的重点与方向,进而轻松学习难句、长句。

（二）"On Monday,I'll go swimming."教学设计

1.教学内容

外研社英语(一年级起点)三年级下册 Module 5 Unit 2"On Monday,I'll go swimming."

2.教学目标

(1)能听懂、会说、理解并运用表示时间的单词和词组 Tuesday,Wednesday,Thursday,next,next week 及一些常用的表达活动的短语。

(2)能根据情境运用句型 What will you do next week? On Monday/Tuesday/ Wednesday/ Thursday/ Friday/Saturday/Sunday,I'll…讨论假期计划。

(3)能通过小组合作讨论,共同学习、共同探讨。语言实践活动能凸显合作和探究能力的培养。通过话轮的增加,尽可能地运用所学语言表达自己的真实想法。

(4)融合逻辑思维能力、想象力和创造性思维的培养,学生能运用句型

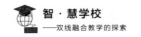
On Monday/Tuesday/Wednesday/Thursday/Friday/Saturday/Sunday，I'll …描述自己的假期计划，合理安排自己的时间。

（5）在安排自己时间的同时能考虑到分配给家人、朋友和自己的时间，可以尝试做不同的事情，最大限度地保证活动或假期快乐有意义。

3.教学重难点

（1）能听懂、会说、理解并运用表示时间的单词和词组 Tuesday，Wednesday，Thursday，next，next week 及一些常用的表达活动的短语。

（2）能根据情境运用句型 What will you do next week? On Monday/Tuesday/ Wednesday/ Thursday/ Friday/Saturday/Sunday，I'll…讨论假期计划。

（3）能合理安排自己的假期时间。

4.融合点

（1）运用电子书包的答题功能，检验学生对课文文本的理解程度，及时了解学生的知识掌握情况，并根据数据反馈调整实际教学。

（2）运用电子书包的投票功能，判断文章中 Shanshan 的假期计划是否合理，引导学生思考在制定计划时需要考虑什么。通过让学生评价他人的假期计划，培养学生的评价意识和思维能力。

（3）结合生活实际，运用电子书包 H5 动画功能，创设真实的语境和任务，让学生制定个性化假期计划，并运用所学进行表达，培养学生的综合语言运用能力。

5.教学过程

环节一：Warming-up and revision

（1）Greetings with students.

What day is today?

What day was yesterday?

What day is tomorrow?

Teach：Tuesday，Wednesday，Thursday.

Drill：Today is Wednesday.Tomorrow is Thursday.Yesterday was Tuesday.

（2）Know about the days of a week.

① Think and answer.

How many days are there in a week?

Teach：week.

② Sing and answer.

What are they?

③ Revision.

Amy and Sam like Saturday. What will Amy and Sam do on Saturday?

环节二：Leading-in and present the task

（1）Free talk（work in pairs）.

I will have a party with my friends on Saturday.

What will you do on Saturday?

（2）Know more about a holiday plan.

Topic：A Holiday Plan.

Task：Talk about your holiday plan in May Day.

Title：Module 5 Unit 2 On Monday，I'll go swimming.

环节三：Prepare for the task

（1）Know about Shanshan's holiday plan.

① Watch and choose.

When is the holiday?

Teach：next，next week.

② Listen and match.

What will Shanshan do next week?

③ Listen and imitate.

④ Look and say.

⑤ Think and discuss：What do you think about Shanshan's holiday plan? Is it good? Why?（电子书包投票功能）

（2）Know about Solomon Grundy's holiday plan.

① Look and say.

② Say the chant.

Talk about your own holiday plan.

① Make your week plan.(电子书包 H5 动画任务)

② Talk about your holiday plan in groups.

③ Share in class.

T：What do you think about his/her holiday plan.

环节四：Summary

(1)Sum up.

(2)Homework.

五、其他学科双线融合教学设计案例

（一）《剪羊毛》教学设计

1.教学内容

人音版音乐三年级下册第 6 课。

2.教学目标

(1)聆听和演唱歌曲,感受劳动的快乐,认识劳动的意义,激发热爱劳动、创造美的意识。

(2)学会用轻盈而有弹性的声音演唱歌曲,掌握附点四分音符节奏型。

(3)尝试创编舞蹈动作来表现歌曲,培养音乐表现力和合作精神。

3.教学重难点

(1)学会歌曲并能愉快、活泼地演唱。

(2)能够用所学的节奏型及表演动作为歌曲编创伴奏、伴舞。

4.融合点

电子书包的运用有效地拓宽了音乐课堂的容量,将打击乐器、电子乐谱及课堂补充资源等全部数字化,整合在轻便的移动终端中,达到整合、激活、创新的效果。《剪羊毛》这节课在课前运用电子书包整合教学内容,将有关于澳大利亚风情及课堂所需要的其他资源进行有效整合,为课堂教学的顺利开展做好准备。信息化手段有效地激活了课堂教学的模式,电子书包的运用创新了课堂评价形式。课堂不再以教师评价为主,自评、互评、师评贯穿于课堂始终。

5.教学过程

环节一:组织教学,巧妙激趣

电子书包应用:教师推送学习资源,帮助学生感知澳大利亚风土人情。

(1)师生问好。

(2)情境导入。

(3)多媒体展示澳大利亚风土人情。

环节二:整体感知,新课教授

电子书包应用:通过推送乐谱,直观地教授歌曲演唱。选择不同农场感受旋律,并认真作答,真正做到面向全体学生。

师:今天就让我们一起跟着多莉感受这首有趣的儿歌《剪羊毛》。

(1)初听:歌曲中把羊毛比作什么呢?

师小结:歌词把羊毛形象地比喻成"白云""冬雪""丝棉""皮袄",富于想象,很有意趣。歌词表达出工人对劳动的热爱和乐观爽朗的性格,下面就让我们美美地读读这些像诗一样的歌词,提一个小小的要求,按照歌曲的节奏来读。

(2)师:羊毛堆成了小山,让我们一起来感受一下羊毛堆成的旋律线。

师小结:听到同学们悠扬的歌声,多莉送给我们一把羊毛刷,让我们看看前面还有什么吧!

(3)找不同并唱一唱。

师:前面有两个农场,绵羊多莉和它的伙伴们住在其中一个农场中,请同学们聆听两个农场传来的歌声,注意,多莉和她的伙伴们可是一群调皮的绵羊哦!

师:为了奖励同学们成功找出多莉的家,它又送了我们一个洗羊桶,让我们一起给小羊们洗个澡吧!

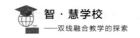

（4）找相似乐句并唱一唱。

师：刚洗完澡的多莉立刻躲到羊群中去了，在羊群中有个多莉的孪生姐妹，你们能找出它藏在第几条旋律中吗？

（5）师生接龙。

（6）生生接龙。

（7）完整演唱旋律。

（8）师生劳动（师演唱，生劳动）。

（9）完整演唱。

环节三：拓展延伸，情绪蔓延

电子书包应用：分组研讨，学生打破时空限制，运用电子书包中的投票方式选出表演最佳的小组，并分发奖品。

（1）欣赏卡通片《剪羊毛》，激发学生表现欲望。

师：同学们演唱得太棒了，我拿什么奖励给你们？看，这件礼物喜欢吗？（播放《剪羊毛》卡通片，师生随歌曲演唱）

师：你现在心情怎样？想用什么方式来表达此刻的心情？

（2）分小组交流、练习。

师巡视指导，引导学生合作学习。

（3）分组展示，及时点评。

（4）全体同学一起用自己喜欢的方式表演歌曲。

（5）颁奖仪式。

环节四：课后小结 情感升华

同学们，今天我们一起通过《剪羊毛》这首歌曲感受了美丽的澳大利亚风光，劳动者劳动时那种喜悦的心情感染了我们每一个人，老师希望你们在生活中也能做一个热爱劳动的好孩子，好的，今天的音乐之旅就结束啦！请同学们听着音乐走出教室。

6.教学反思

《剪羊毛》是一首澳大利亚民歌，歌曲以生动的歌词和优美的旋律来描写澳大利亚牧场工人在剪羊毛时的情景。在本课教学过程中，教师借助电子书包这一信息技术，将歌曲的重点和难点融入音乐小游戏中，让学生在游戏中学习，在学习中游戏，这样便能轻松地达到教学目标。在识谱教学环节，教师通过带唱、齐唱、分开唱的方式和学生一起认识并熟悉了这些唱名。在歌曲教学过程中，教师创设了富有趣味的小羊找家游戏，让学生对比有附点音符和没有附点音符的区别，让学生能在对比分辨中巧妙地解决演唱难点。然后再让他们跟着旋律哼唱一遍，唱出"调皮小羊"家的旋律。

（二）"篮球：原地双手胸前传接球"教学设计

1.教学内容

水平二（四年级）"趣味篮球：双手胸前传接球与简易攻防"教学。

2.教学目标

（1）运动能力：帮助学生原地双手胸前传接球技术动作，引导学生将这项技术运用在不同比赛中。80％掌握传接球时做到翻腕、拨指，直臂迎球并在跑动中传准、接稳；20％做到翻腕、拨指。在学练过程中发展运动协调、速度、灵敏度及核心力量等身体素质。

（2）健康行为：在游戏竞赛中适应各种情景的比赛环境，帮助学生养成积极学练、合作学练及自我调节情绪的能力。

（3）体育品德：在小组合作练习、比赛中，引导学生形成互助合作，勇敢顽强和敢于挑战的意识。

3.教学重难点

（1）传、接球中的翻腕、拨指、直臂迎球。

（2）动作协调、连贯。

4.融合点

（1）演示文稿设计与制作：课前教师整理好相关素材，用"希沃软件"进行制作，将上课所需图片、视频、音乐放入其中，供课堂使用。

（2）数字资源获取与评价：使用自主研发"体育平台"收集学生评价数据：学生使用平板电脑进行评价，提交数据后，后台自动统计、生成结果，教师可以直观了解到学生的掌握情况。

（3）技术支持的展示与交流：练习中教师使用平板电脑拍摄学生练习画

面,通过 LED 大屏播放,利用这种方式对学生动作进行展示及集体评价、交流,增强学生自信心及成就感。

(4)自评与互评活动的组织:本节课主要采用电子评价,八人一组,评价时机的选择尤为重要,集体评价次数过多则会导致学生练习时间缩短。教学时在第一次技术评价环节,采用分组进行的形式进行评价,二人一小组轮流进行评价。进行比赛环节评价时,采用一次集体评价,同时教师提示学生评价完的两人立即进行练习,在练习中等待小组其他成员完成评价。体能练习评价则通过提示帮助学生记忆量评数据,利用课后时间再进行集体体能、健康行为、体育品德的评价。以此来保障学生练习时间,增加练习密度。

(5)基于数据的个别化指导:通过"体育学习平台"后台收集数据,教师掌握学生的实际情况,根据个体差异,设置不同的练习内容,及时给予学生鼓励并引导他们学会调节情绪。

5.教学过程

开始热身部分:通过"你抛我接"游戏、两人各种方式传接球练习,使学生做好热身活动,为接下去的原地双手胸前传接球做好铺垫。

学习提高部分:

环节一

利用 LED 大屏一同回顾上节课所学技术动作,强调练习注意事项,二人一组进行复习。在练习中二人小组进行技术动作互评并及时对同伴进行帮助、指导。

环节二

通过"体育学习平台"统计出的结果,对学生进行分层:

(1)能做到传球时"翻腕、拨指"接球时"直臂迎球"的同学继续练习 3 米原地胸前传接球或挑战 4 米原地胸前传接球。

(2)未能做到"直臂迎球"的同学进行"快速传送带"练习,强化接球动作后再进行 3 米原地传接球。所有学生练习后,进行 1 分钟 3 米原地胸前传接球比赛。

环节三

根据学生对技术动作的掌握情况,增加练习难度,将"运""传"动作衔接,提出"换位传球"练习,并请学生协助教师进行示范。经过一定时间练习后,教师组织学生进行1分钟"换位传球"比赛,并将各自评价数据填入评价表中。

环节四

通过观看后台生成的评价数据,对学生进行第二次分层:

(1)1分钟完成换位传球19次及以上的学生进行4米换位传接球练习。

(2)1分钟完成换位传球16～18次的学生进行3米换位传接球练习,可挑战4米换位传接球。

(3)1分钟完成换位传球15次及以下的学生进行原地3米胸前传接球练习。

后两个区间的学生在掌握好自己所练的内容后,可以逐步挑战更高难度的练习,练习中帮助学生调节好自己的情绪。

环节五

篮球项目不但要有"五花八门"的进攻,还需要有"密不透风"的防守。利用"换位传球"方式进行"你攻我防"练习:通过LED大屏幕播放练习方法,教师强调练习要求,学生观看后二人一组进行练习。练习中教师巡视指导。

环节六

模拟比赛场景,将"运""传""防"融入"移动拦截"小游戏中。LED大屏幕播放游戏方法、规则,学生四人一组错开位置进行练习。最后教师询问比赛结果。

环节七

不论何种运动,都需要身体素质作为前提保障,协调性和核心力量尤为重要,本课中教师设计"+速前进"爬行练习,组织大家练习、比赛,提示学生记住评价数据,课后对同伴进行评价。

整理恢复部分:放松活动中,教师组织学生伴随优美的音乐进行放松拉

伸。总结时,根据后台呈现的评价数据,对本节课进行总结,并布置课后作业,提醒学生在课余时间加强锻炼。

6.教学反思

坚持"健康第一"的教育理念,以学生为本,搭建多元的学习评价体系。根据学生年龄特点和运动技能形成规律,设计多种练习方法,以评价为主脉络贯穿整节课,引导学生在合作交流、游戏竞赛中逐步掌握所学动作,通过多种评价方式推进技能达成,促进体能发展,提升健康意识,促使体育学科核心素养在课堂中落地。

(1)建学习平台,敦品笃学:教师的语言引导渗透各练习环节,学生在合作练习中学会相互帮助,掌握较好的同学能够指导学习困难的同学,学生们体会到了互帮互助、团结协作的力量。

(2)搭学习载体,引思启智:两人一组,面对面进行传、接球练习,教师启发学生观察、思考练习中存在的问题,练习时学生能够积极思考、交流,通过互相错,促进技能目标的达成。

(3)架练习模式,强体健魄:基于学情,巧设练习"你抛我接""你来我往""换位传球""攻防兼备""移动拦截""＋速前进",多样有趣的练习比赛激发了学生的参与兴趣。本课的练习密度达75％,学生在练习比赛中注意力集中,积极投入。教学中注重因材施教,分层练习,关注到每一个学生。引导学生根据练习次数选择适合自己的练习内容,让所有孩子都能愉悦地参与到练习中。

(4)构评价平台,识美促美:教学中通过请学生展示,引导他们展现"自信美",引导学生观察、评价,欣赏动作美。在练习中对同伴动作进行纠正或进行合理、正确的评价,学生心中塑造乐于助人内在美。学生在学习过程中体会到美可以渗透到生活中的方方面面。我们不仅要学会欣赏美,还需要懂得创造美。

(5)推比赛机制,劳动回归:结合生活实际的"快速传送带"练习是以快递员为例,快、准、稳地装货、卸货,引导学生认知生活中工作的辛苦,劳动人民的不易。我们要尊重所有行业人员的辛勤付出。

发挥小组长作用,课前协助老师准备所需器材并做好课后对器材的回收。在课堂中教师要对这些小组长的行为进行表扬、认可,同时渗透劳动技术教育,促使学生热爱体育,热爱劳动,体会到劳动最光荣。

（三）"感受音乐"教学设计

1.教学内容

人教版美术三年级下册第5课"感受音乐"。

2.教学目标

(1)通过欣赏感受音乐,感知音乐节奏和旋律的特征。

(2)学习运用美术的语言来表现听觉感受。

(3)提高学生的想象能力,培养学生热爱艺术与生活的美好情感。

3.教学重难点

(1)让学生听音乐并把自己的感受表达出来。

(2)用美术语言画出音乐感受,将抽象的感觉具象化。

4.融合点

本课是与音乐学科进行整合的综合课,通过对音乐的欣赏与体验感受,让孩子们在轻松愉悦的活动中将音乐感受这种抽象的语言以美术语言大胆地进行绘画表达。课堂利用希沃白板的擦除、实时投影功能以及H5动画创设游戏活动为学生提供了多渠道的情感体验,透过美术、音乐感受艺术相织的情感。本课利用电子书包的拍摄、点赞以及推送音乐资源包等功能,试图构建视觉与听觉之间的通道,潜在地在孩子们的心中埋下综合性艺术智慧的种子,将美术、音乐两种艺术形式的美,积淀、渗透到学习之中,提高学生对美的直觉判断和表现能力。

5.教学过程

环节一:听一听"音乐的感受"

(1)播放音乐《春天在哪里》,请同学们说一说感受。

(2)欣赏美术家作品,请同学寻找作品中的美术语言。

揭示课题:感受音乐。

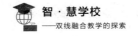
环节二:学一学"音乐的表达"

(1)复习旧知:二年级下册《点、线、面》。

(2)请同学聆听 3 段音乐,分别用"点""线""面"元素表达音乐的情感。老师示范使用"面"元素表达音乐。同学们继续用"点""线"元素完成学习任务单。

环节三:看一看"音乐的画面"

(1)选一选:欣赏不同色彩的名画《音乐的胜利》,选出符合情感的作品。

(2)欣赏名画《百老汇的爵士乐》,看视频了解作者的创作灵感,请同学说一说感受。

环节四:画一画"音乐的魅力"

(1)师生共同创作同一首歌,分析师生作品。请一位同学上台与教师合作。其他同学可以选择观察老师的操作,也可以在平板上利用 H5 动画拖动创作。

(2)出示作业要求,计时完成。

①作业:感受老师播放的音乐,用绘画的方式表现自己的感受。

②要求:能够表现音乐的特点;巧妙运用线条和色彩;大胆联想,富有创意。

环节五:评一评学生的作品

(1)将学生作业拍照展示在白板上,请学生说说作业的优缺点。

(2)教师给予语言上的引导,总结。

环节六:拓展阶段

教师带领学生们回顾课堂上艺术王国的两个好兄弟"音乐""美术"给大家的听觉视觉带来了美的享受。最后师生一起听音乐,感受快乐,放松自己,共同演绎《你笑起来真好看》。

6.教学反思

小学三年级在造型方面较低年级有一定的发展,随着知识的增长和认知能力的发展,学生对不同材料和工具的使用,已有一定的掌握,会用简单的线条和色块来表现他们的所见所闻、所感所想。在此之前,学生已经开始了相关知识的学习,例如人教版三年级下册"重重复复""曲曲直直"等课题。学生在本节课中可以运用以前的知识基础表达自己的感受。即运用点线面、色彩相结合的抽象表现形式,体现画面的组合之美,表达自己对音乐的独特理解与感受。教学活动的设计可依据三年级学生的学情创设富有趣味性的挑战,从单一的美术元素到以组合美术元素表达音乐,示范环节由传统的学生看老师创作,进阶为师生共同创作,学生自由选择用 H5 动画拖动素材创作。在展评阶段,通过拍照上传、点赞的功能打破传统教学评价模式。教师在备课和课堂中深深感受到信息技术是辅助教师上课的工具,而不是为了用而用,借助信息技术能更好地辅助教学,开展创新互动,开展智能评价。

（四）"食物的旅行"教学设计

1.教学内容

苏科版科学三年级上册《人的呼吸和消化》单元第 3 课"食物的旅行"。

2.教学目标

(1)科学知识:知道并能描述人体的主要消化器官,了解消化过程。

(2)科学探究:分组实验,了解各个器官的结构特点和功能。

(3)科学态度:观察和总结,养成良好的饮食习惯。

3.教学重难点

(1)教学重点:认识消化器官,了解它们的主要功能。

(2)教学难点:了解消化器官中的结构特点与其功能的关系。

4.融合点

(1)在教材分析和学情分析的基础上,调查分析孩子对于食物消化的认识,在导入部分利用电子书包 AiSchool 线上推送吃小馒头的情景,在真实情境中以学生的认知错误作为切入点,激发孩子的学习兴趣。

(2)本节课学习内容对三年级孩子而言较为抽象,课堂基于教材内容,运用信息技术的手段,通过 3D 微视频、AR、电子书包动画拼图等层层解密人体消化器官及消化系统。

(3)本节课始终以食物旅行的地图贯穿课堂,通过微视频带领学生认识

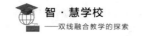
食物经过的"景点"(器官),再运用 AR 直观观察器官及结构,到最后进阶了解食物旅行地图(消化系统),帮助孩子掌握观察记录的科学方法。

5.教学过程

环节一:情景导入

(1)请学生品尝小馒头,体会小馒头在嘴里发生了什么变化,猜测小馒头会被送到哪里去。

(2)揭示课题——食物在体内的旅行。

(3)投票猜测(推送投票)

多选:你认为食物都被送到哪里去了?(　　　)

A.胃　　　　　　B.小肠　　　　　　C.大肠　　　　　　D.肝脏

E.食道　　　　　F.胰　　　　　　　G.口腔

(4)展示学生投票中得票数最高的选项,请学生阐述理由。

环节二:认识消化器官及系统

(1)播放微课,带领学生正确认识人体的消化器官:口腔、咽部、食道、胃、肝脏、肠道等。学生记录《食物旅行地图》,标注食物经过的器官(景点)。

(2)师生操作 AR,介绍每种器官。

①口腔——硬——咀嚼;②食道——滑——运输;③胃——动——搅拌:胃壁内有平滑肌(肌肉)搅拌食物,胃液帮助消化。④小肠——长——吸收:位于腹腔中部,长 5～6 米,是人体吸收营养物质的主要器官。小肠内部有许多小肠绒毛,一个人的小肠绒毛展开铺平,有半个篮球场大。⑤大肠——短——吸收:长 1.5 米,吸收水和无机盐,将食物残渣推向肛门。⑥肝脏:人体最大消化腺,分泌胆汁来帮助消化。⑦胆囊:存储胆汁。

(3)学生完善食物旅行经过的"景点"特色和路线,学生并使用希沃平板交流彼此的食物旅行地图。

(4)学生使用拼图工具规划小豆子旅行路线(用电子书包推送各个消化器官图片)。

(5)学生交流各自设定的食物旅行路线。

环节三：消化器官的健康

(1)播放微课《淘淘的胃生病了》。

(2)学生讨论：什么样的饮食习惯有利于维护消化器官的健康？

环节四：扩展延伸

(1)人倒立时，吃进去的东西会怎样行进？

(2)消化道是通过什么方式使食物前进的？

6.教学反思

三年级的学生具备了一定的观察能力、记录能力，能够把观察到的实验现象记录下来。但此时观察和记录的并不是很完整，而且还不能把实验现象科学、严谨地表达出来。在知识方面，引导学生通过图示、模拟等方法观，描述人体的主要消化器官，了解消化过程。在能力方面，引导学生在模拟实验中了解消化道运送食物的方式是蠕动。呼吸和消化器官作为"人体暗箱"隐藏在身体内部不易被观察到。本节课利用信息技术手段，引导学生通过测量、体验、模拟、探究等活动，逐步解开"人体暗箱"，在了解呼吸系统的组成、各器官作用及整个系统的工作流程后进一步认识消化系统。

（五）"小创客的造物之旅——计步器"创客教学设计

1.教学内容

创客综合实践(校本课程)第一册第5课。

2.教学目标

(1)学习"变量"模块，了解"变量"模块相关指令的含义和使用方法。

(2)结合前面所学的"输入""基本"模块的相关指令，动手设计一个"计步器"程序。

(3)优化"计步器"功能，并物化为美观的表带式计步器以方便使用。

3.教学重难点

(1)编写计步器的程序。

(2)制作美观坚固的计步器腕带。

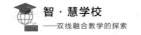
4.融合点

利用麦极创客官方网站的编程平台,编写"计步器"程序。课堂教学设计了"两放两收"。"一放":先让同学们根据新学的"变量模块"功能,自己动手编写计步程序。"一收":老师收集学生编写过程中的"错误资源",并通过"屏幕广播",请学生提出修改的意见。"二放":让学生继续编写"计步器"程序。"二收":老师请部分优秀学生以小老师身份讲解关键步骤。

学生继续优化"计步器",结合以前学过的功能,生成多功能计步器。再通过观看微课《制作小黄人计步器腕带》学习如何制作计步器腕带,并动手设计腕带。各小组利用平板电脑,拍照上传完成的作品,辅以特色简介。课上结合学生现场展示计步器,利用平板对各组作品进行评价。

5.教学过程

环节一:了解原理

(1)课题导入:老师展示的两张图片中的数据表示什么? 思考"计步器"的计步功能是如何实现的。

(2)介绍 microbit 主板的加速度计。思考在利用 microbit 主板实现的过程中有什么主要的困难。介绍解决方案。

环节二:学习变量

(1)通过"变化的数怎么显示?"这个问题引入"变量"。介绍"变量"的含义。

(2)让学生说说图片中以及生活中有哪些变量。思考:程序中的变量怎么表示?

(3)介绍"变量模块"以及相关语句的含义和使用方法。

环节三:动手编制

以"两放两收"引导学生编写"计步器"程序。

环节四:优化展示

(1)请两位同学将编好的"计步器"程序下载下来,连接好 microbit 主板,在班级展示计步功能。

追问：这样的计步器有什么问题？我们还可以做些什么改进？

（2）观看学习制作表带的微课视频，说说制作时要注意什么？怎么做能使表带更美观。

（3）老师组织学生进一步优化程序，并制作计步器的表带。

（4）分享交流。各组小模特现场走秀展示计步器。每组一台平板电脑，拍照上传完成的作品，并简要介绍。学生使用平板电脑浏览、点赞。

（5）组织学生运用平板进行投票，选出最佳创意奖和最佳美观奖，并请获奖小组做产品介绍。

6.教学反思

随着社会的发展，日新月异的科技不断改变人们的生活。现代社会对人才的要求也越来越高。对人才的需求已经从对"应用型"的人才逐步转为对"创新型"人才的需求。那么，在小学综合实践课程中如何利用综合实践课程来进行"创新性"的培养？我们认为可以下三个方面进行落实。

（1）首先课程、题材和内容一定要创新。如果还是停留在以往教学的案例中，很难让学生真正感觉到"新"。因此，本节课选择"计步器"这个 21 世纪的事物为核心进行深度挖掘。只有"新"的东西才容易激发学生的兴趣和探索欲望。

（2）教学的媒体和材料也要"新"，本节课创新地选择电脑、平板和 microbit 主板及其电子元件组合来进行教学。使用新媒体的目的是让学生的学习体验有新的变化。利用网络专业平台进行"计步器"的编程设计，让学生化被动为主动，让"学生"以一个程序设计员的视角进行学习，学生在设计"计步器"程序的过程中体会到的困难、挫折也会帮助学生成长，让他们明白创造是一件很"不容易"的事情。创新需要"知识基础"。只有充分掌握好所学的知识才能成功创造。同时，在其他同学的讲解帮助中"化难为易"，也让学生从中明白创新需要"团队合作"。在分工制作的过程中，让学生体会到要将设计好的程序进行"物化"单靠学好"数学""计算机"学科知识是不够的，还需要"美术"学科的美术功底和"综合实践"学科的动手能力。而在用平板电脑拍"成品"做产品介绍时，需要学生的"摄影"技巧和"语文"学科的

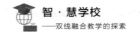

文字表达能力,使学生明白创新需要"综合能力"。

（3）教学方法和评价机制也要"新",传统教学方式是以老师讲授为主,学生被动地进行学习的思考。这种方式教育出来的学生常被称为"解题能手",这类孩子做题能力很强,但是思维往往落于俗套,"创新"思维和能力缺乏。创客课程采用新的教育手段来进行教学设计,意在打开学生的思路,发扬学生的个性,培养学生的创新性。在讲解的过程中由原来师问生答的方式,转为由学生中的"小老师"帮助学生解决问题。在互动交流中,改变以往以老师评价为主的方式,还评价权于学生,让每个学生都可以主动进行评价、充分发表意见,并在交流中学习别人的优点,保留自己的观点,形成自己的风格。这其实也是一种创新。

从结果的呈现来看更加令人可喜。小组设计的"计步器"外观一个比一个好看,功能上除了可以实现"计步"功能外,有的为"计步器"增加了"暂停","保存上次步数"的功能,有的添加了"计时""感应方向""猜拳""倒计时"等功能。每个小组的作品由内而外地包含着一个四年级学生满满的创新意识。

在新媒体新技术教学环境下,如果教师的课堂只是一味追求在一节课中尽可能多地运用新媒体功能来彰显这节课有多"成功",那从设计的本身就已经"失败"了,切勿让新媒体成为"华而不实"的代名词。一切的教育是为了学生的进步,而不是在表演技术。运用多媒体运用是为了更好地帮助学生"学习知识",打破原有的教学界限"开拓创新"。一节好的多媒体课首先应该考虑用多媒体的"必要性",再考虑所用多媒体的"创新性"是否符合学生的学习需求。否则再多的多媒体运用都是累赘,只会给学生增加操作的负担、分散学生的注意力,得不偿失。

双线融合课堂教学思考

一、基于深度学习的混合式教学实践研究

教书和育人是不可分割的统一体,二者相互作用、相互渗透、相辅相承。但个别老师的教学仍停留在知识传授、知其然而不知其所以然的浅层被动学习,忽视了育人的作用。这样陈旧的教育教学观念不适应新一轮以学生发展核心素养为目标、以培养"全面发展的人"为核心的课程改革。近年来,演武小学将在线教学和传统教学的优势结合起来,致力于实现"线上教学"与"线下教学"的有效融合,通过互联网+技术赋能教师的教与学生的学,将原来以学科为主体转为以学生为主体的学科融合式课堂,推动学生由被动学习向主动学习、由浅层学习向深度学习转变。在"线上"+"线下"融合的教学中,学生在教师引领下,围绕具有挑战性的学习主题,通过采取多种学习方式、媒体资源和教学策略,提高了参与积极性,将学科知识与核心素养相融通,逐步深化对知识的理解和迁移,从而有效提升解决实际问题的能力。

（一）依托线上检测数据，确定学生最近发展区

近年来,演武小学举全校之力开展混合式教学实践课题研究,尝试让教师有针对性地利用线上丰富的教学资源,对学生进行有效检测,并及时分析检测数据,在不同阶段确定学生的学习兴趣点、疑惑点、提升点,确定不同学生的最近发展区,以此调整教学策略,因材施教。学生以数据信息向教师反馈学习进展情况,实现教学互动、教学相长,真正体现以学生为主体的深度学习理念。

1.借助前测分析,确定教学思路

在实施教学之前,利用电子书包等教育云平台的相关功能,获得学生的基本学情,以便教师有的放矢地进行教学和辅导。同时,教师在课前通过对教材的熟悉与研判,找到新旧知识之间的关联点、触发点和延伸点,从而获得有效的前测数据,确定学生的学习最近发展区,以此推进学生课堂学习的联想和结构发生,为深度学习的课堂提供了更为全面的学习支架。

2.借助课堂检测,提供适时反馈

相较于传统烦琐费时的纸质检测,线上检测为教师开展及时评级提供了更为高效、便捷的手段。在课堂上,师生借助电子书包平台的课堂测试功能,实现每道题的答题情况分析、班级整体答题情况分析,以及学生个体的答题情况分析。为了增加课堂学习的趣味性,教师可以利用电子书包平台的游戏闯关功能进行反馈,帮助学生及时获得学习信息。学习过程和学习的即时共享,有效激发和调动了学生的学习积极性,并以此强化学生对学习知识的深度加工,从而提升了学生相应的核心素养。

3.借助后测设计,实现因材施教

随着现代信息技术的不断推广和手机、平板、电脑等设备的普及,教师教学的后测设计不断改进。课后,教师除了通过线上布置、批改作业外,也借助钉钉家校平台、一起作业、懂你试卷等平台的题库出卷,生成了班级整体和学生个人的学情诊断报告。教师根据教学平台实时反馈的数据,对学生进行诊断性教学,精准发现学生学习过程中的盲点和薄弱点,进而为分层教学提供精准信息,为导优辅差提供强有力的支撑。学生也可以在相应的反馈数据中明确自己的学习效果,进行自我反思,进行有针对性的强化,弥补缺漏,发挥自身优势,从而实现个性化教学与分层教学的目标。

（二）借助线上学习资源，有效提升学习能力

近年来,随着信息技术的不断革新,能够辅助教育教学的线上学习资源也在源源不断地产生和更新,对教育来说是个福音;我们立足于提升学生的核心素养,精准分析学情,选择与开发切合教学需求、学生差异化和个性化发展的教学资源,为更好地培养学生的思维能力和创新意识服务,实现"线

上、线下"两端教学模式的优势互补，有效地促进教师与学生学习能力的提升。

1.开发微课资源，辅助线下学习

我们针对线下学习的不足，立足学科发展需求，充分发挥线上学习的优势，做到目标明确、重点突出，实现对课堂教学的"承接"、"挖掘"和"启发"。例如，为学生提供预习和复习的微课资源，让学生借助微课预习，带着问题进课堂；借助微课复习，提炼、梳理、检测，帮助学生经历知识的发现建构过程，从而营造深度学习的课堂氛围。同时，结合学校文化建设的特色需求，把微课制作与学校文化信息化相结合，打造学校吉祥物"小文"和"小武"，推进校园吉祥物数字化、动态化、多元化应用，推动德育教育进课堂，扩大学校品牌效应。

2.善用分层资源，满足个性需求

为提高导优辅差的针对性和实效性，学校针对不同学生的现实需求，开发不同形式的线上学习资源，并及时推送给学生，满足了学生个性化需求，激活了学生学习的动机和兴趣，有效促进了学生对知识点的理解，提升了学生的自主学习能力。让学生成为真正的教学主体，实现对知识的深度加工，提高知识迁移与应用能力，实现知识的内化与迁移，促成深度学习的发生。

（三）打造线上交互平台，转变课堂学习方式

我们认为新时代的教学模式应以提升教学质量、又减轻学生过重负担为目标，所以我们积极探索新的课堂学习方式，充分挖掘线上平台和线下学习的不同优势，进行混合式教学模式优势最大化的探究与实践，让科学、前沿的技术融入课堂学习，为学生的合作学习、自主探究、实践创新提供良好的沃土。

1.依托线上平台，深化合作学习

目前，学校以电子书包项目平台、交互式电子白板、交互式一体机、钉钉家校平台等为主要教学实践应用平台，通过课堂实践的锤炼、课例研讨的方式，探索线上与线下交互融合的有效途径，关注混合式教学模式的优势与劣势，在教学实践中扬长避短，帮助学生优化学习方式。例如，借助交互性改

变学习方式;借助资源的推送,实现教育教学资源的利用最大化;借助资源的共享,实现师生之间、生生之间的及时互动,从形式化的点赞到实质性的评价反馈,课堂生成的资源成为最鲜活的教学素材。通过充分利用线上平台,课堂教学不再是教师单向地讲授,学生被动地接受,自主、合作学习成为学生学习的主流形式。通过开展翻转课堂教学改革,学生的学习成效得以有效提升。同时,远程视频技术打破了师生交流的时空限制,学生可向身处异地的专业人员请教,双方在线互动答疑解难,有效拓宽教学资源。此外,学生还可以借助分组讨论实现网状互动,实现主题研讨,分享图片视频,展开辩论,评议作品,提交建议,展示成果等。

2.依托双线交流,培养创新意识

线下交流是面对面的交流,具有交流的情感性与交互的及时性特征,使得问题的讨论能够深入。相较而言,线上交互平台为学生及时解决学习困难提供了便利,学生可以寻求及时帮助,与师生研讨共同解决问题,实现人机互动、师生互动、生生互动,打破时空的限制,建构网状学习生态。同时,线上网状交互生态的形成,可以有力推进线下交流的形成,实现线上线下多元融通、优势互补。由此,借助线上交流,使得局限于少数群体的交流惠及全体师生,有效提高整体学习成效。同时,发挥传统线下交流优势,让面对面交流更具温度,师生、生生间的情感得到强化。同时以追问等形式,帮助学生深化对问题的认识与理解。因此,从线上的发现探索,到线下的独立思考、小组讨论、教师总结,真正实现混合式学习。事实证明,混合式教学通过把学习主动权归还给学生,能有效激发学生的发散思维与创新意识。

3.应用前沿技术,凸显学生主体

当前,人工智能、虚拟现实、VR 等技术逐渐进入学校课堂,学习资源得以极大扩充。教师将各种适合中小学生阅读、试听、模拟体验、虚拟实验、测试、巩固练习的设备与资源融入课堂,这种做法受到广大学生和家长的喜爱。前沿技术的引入有助于学生更积极地投入学习,真实地参与知识的建构过程,并获得好奇、敬畏、满足等情感体验。操作、实践、探索知识概念的内涵,发现科学的奥秘,体验诗人的情感……学习成为个性化的体验,学习过程充满了趣味性和主动性。这样的学习才能称之为学生的感知觉、思维、情感、意志、价值观全面参与的、全身心投入的活动。这样的学习使学生真实成为学习的主体，有利于激发学生的深度参与。

（四）依托课堂评价改革，创新课堂评价方法

2020年中共中央、国务院印发的《深化新时代教育评价改革总体方案》明确指出："教育评价事关教育发展方向，有什么样的评价指挥棒，就有什么样的办学导向。"[①]演武小学依托已连续实施7年的360°学生评价与福建省信息技术与体育学科基地校建设关于课堂评价的改革，在信息技术、体育课堂开展过程性与结果性评价相结合的课堂评价研究，以此提升学生核心素养。通过收集学生课堂学习的数据（包括学习任务和学习行为、学习情感、态度表现等数据），课堂中收集学生知识、能力、方法、学习习惯、合作沟通等过程性评价与成果性评价数据，用数据说话实现课外减负和课堂增效，回应新时代对教育评价改革的新要求，实现因材实施，打造深度学习的个性课堂。

信息技术学科运用大数据＋云计算＋移动互联网技术，自主研发课堂教学评价管理平台，依托SOLO分类理论对每个学生实际学习水平进行精准测评，确定每个学生本节课的实际学习水平层次。教师借助大数据获得教学反馈信息，主动调整课堂教学进程，促进自身教育教学水平的不断提高，也有助于学生主动调整自己的课堂学习活动，促进以生为本的个性化学习，实现整个教学过程可收集、数据可分析、评价可量化、结果可复盘，真正实现数据说话的深度学习课堂的形成。体育学科注重备、教、学、评一体化的教学设计与实施；借助智能手环与教学平台让评价有机嵌入教学中，并及时进行认知诊断、反馈学习、干预教学。推动"学习为主、评价突围、学评同步、教学合一"的课堂教学评一体化建设。

近年来，演武小学举全校之力开展混合式教学实践研究，全体教师信息

---

① 中共中央 国务院印发《深化新时代教育评价改革总体方案》[EB/OL].(2020-10-13)[2023-04-22].http://www.gov.cn/zhengce/2020/10/13/content_5551032.htm.

素养得到显著提升,课堂教学模式也发生了显著变化。能够熟练开展线上教学的教师比例超过 90％,已开设混合式教学课例两百多节。我们的实践研究得到全校师生和家长的普遍欢迎,具有演武特色的混合式教学实践,让演武师生昂首迈入课改深水区,让线上线下在课堂无缝融合,让减负增效在课堂真正落地生根,让深度学习的课堂在校内开花结果;我们的实践也极大提升了教与学的深度和宽度,实现了过程性评价导向下的课堂,从而培养了学生发展核心素养,为学生未来适应终身发展和社会发展需要奠定了坚实的基础。

二、构建数据说话的深度教学课堂

我们一直致力于寻找一种适应时代发展需求、适合学生发展需要的课堂教学模式,使之能够做到以学生为中心,以真实情境为背景,以解决问题为导向,以挑战性任务为驱动,以做中学探究为途径,以成果促交流,用数据把脉学情教情,实现学生对课堂所学知识的建构与内化;课中能高效收集教学全过程数据,用数据诊断每位学生的实际学习水平。经过多年探索,终于在建构主义理论、深度学习理论与 SOLO 分类理论的指导下,实现了以发展学生核心素养为目标的深度教学课堂。

课堂中借助自主研发的课堂教学管理平台,将课题生活化呈现于教学主题,将课堂任务单(对应知识点)推送给每个学生(附帮助文档),收集作品并采集课堂 40 分钟学生过程评价与自评、组评数据,以 SOLO 分类理论对每个学生的实际学习水平进行精准测评,使用平台实时进行数据加工,让数据说话,精准分析学情,用图表诊断每个学生本课的实际学习水平层次,改进教师的教与学生的学,实时调整课堂教学进程,引导学生参与课堂学习活动(如:生成小老师、指导个别学困生、创新应用名单产生、课后云端一对一指导、调整下次课内容与节奏等),奖励铜星给课堂综合表现优异的同学;促进以学生为主体的差异化教学与个别化指导,实现课堂过程可收集、数据可分析、评价可量化、结果可复盘,最终使大班化教学真正转变为"以生为本,私人订制"的深度教学课堂新模式。

图 3-2-1 所示为我们构建的数据说话的深度教学课堂实践流程图。

图 3-2-1 深度教学课堂实践流程及核心素养培养对应图

下面以闽教版小学信息技术五年级下册 3DOne 系列课为例来阐述数据说话的深度教学课堂实践六部曲。

（一）联系生活，主题导课

经过期初几次课对于 3DOne 基础知识的学习以后，教师结合真实生活情境，选取贴近学生真实生活的主题开展基于情境的项目教学，见表 3-2-1。

表 3-2-1 基于情境的 3DOne 项目教学课例

3DOne 教学主题	对应物品造型
6—厦大百年校庆纪念校徽	校徽
7—个性水杯展风采	水杯
8—各色花瓶传文明	花瓶
9—我的课桌我做主	课桌
10—私人印章亲手做	印章
11—致敬建党 100 周年主题党徽制作	党徽
12—私人定制生肖笔筒	生肖笔筒
13—乡村致富"快递华容道"	华容道

设计意图：联系学生的生活实际，调动学生以往生活经验来参与课堂学习。将学习内容和已有知识经验建立结构性关联，容易调动学生学习与参与的积极性，易于培养学生乐学善学、勤于反思、信息意识等素养。

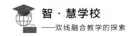

（二）现实造型，结构分析

对五年级学生而言,使用 3DOne 技术对实体物品外观进行组成分析还有一定难度,因此教师在课前会重点花时间将知识点(重难点)对标物品结构组成进行一一分解,分解出技术可实现的基本组成;课堂上,教师展示实体物品,引导学生积极思考、大胆提问、勇于探究,师生共同剖析实体物品,说出结构组成,最后师生在课堂上得出该物品的结构组成。

设计意图:在教师引领下,学生围绕实体物品剖析问题,主动积极、全身心地参与交互式学习,这个过程能够培养学生问题解决、理性思维、批判质疑等素养。

（三）任务驱动，技术分析

学生分组进行头脑风暴,用已有知识经验,讨论如何实现每个任务,让孩子们从问题中学习,一个任务一个任务地实现,并将讨论结果经过自己动手实践验证。教师引导孩子学以致用,把已掌握知识迁移应用于新知学习,部分学生会引出新知识点与重难点,教师及时归纳、梳理、总结,为孩子的创作提供思路与技术支架。

设计意图:在教师引领下,学生围绕主题的结构组成,迁移应用已有知识,发现问题,分析问题,在教师点拨下建立有逻辑、有体系的知识内容,让学生融会贯通既有知识及经验,在完成新知识学习的过程中提升问题解决、技术运用等素养。

（四）创意造物，分层教学

师生共同梳理总结出本课任务后,学生依据平台任务单学习材料进行自主探究完成作品,任务单的呈现实现了自然分层,达到创新应用与完全掌握的同学很快完成作品,教师动态引导这部分同学当小老师,帮助未交作品、完全不会、掌握一点的同学,把学习的主动权完全交给学生;让学生在活动与实践过程中发现问题、分析问题并解决问题、通过生生互助(或任务单帮助)、师生互助让学生习得新知识并迁移应用,多数同学在教师与小老师帮助下,围绕具有挑战性的主题任务,全身心积极参与、体验成功、获得发展,直至完成主题作品的设计制作。

设计意图:本环节学生作为学习的主体,教师因材施教,根据每个学生自身学习情况自主完成分层任务探究,在这个过程中学生全身心地参与完成主题作品,完成知识的习得与既有知识的迁移运用,将其内化成自己的知识。学生在此过程中,能提升主动学习、乐学善学、问题解决、技术运用、批判质疑等素养。

（五）作品上传，自评组评

每位同学完成作品后对自己进行课堂表现过程性评价、上传作品并自评(图 3-2-2),小组长进行组评(图 3-2-3),这是数据说话课堂的数据采集环节;学生按照评价量表实事求是地对自己进行课堂表现的过程性评价与自评,小组长组评除现场查看学生作品分任务完成情况外还要看该生本节课的课堂表现,争取收集到的数据客观公正;在学生上传作品的全过程,教师会逐一对已上传同学的作品进行点评,一部分作品完成较好的同学当选本课小老师帮助组内同学。同学们可查看平台上的优秀作品来提升自己作品的质量。

图 3-2-2 作品上传及自评

图 3-2-3 组评

设计意图:本环节教师充分利用自主研发的云端教学平台进行互助合作式学习,高效收集课堂表现、作品收集、自评、组评数据,完成课堂数据的伴随性生成,让课堂评价更具科学性、专业性、客观性,同时也培养了学生团队配合、自我管理的素养。

（六）效果诊断，成果展示

本环节是数据说话课堂的核心环节,也是最大的亮点;绝大多数学生作品上传完毕,课堂进入诊断环节;加工后的数据自动进行横纵向对比,纵向可诊断把脉本节课本班在年段中的学习水平(图 3-2-4),横向自动生成学生学习水平层次名单(指标图代表本课所有学生学习水平层级人数分布:创新应用、完全掌握、基本掌握、掌握一点、完全不会,折线图进一步告诉我们每个层级学生具体名单),课后将根据学生实际水平进行线上线下的个性化差异辅导。

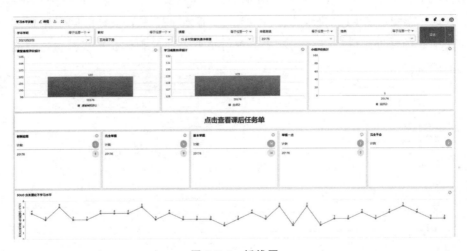

图 3-2-4　折线图

接下来教师请"创新应用"水平的同学展示作品(用数据说话,打破以往教师主观随机抽学生作品展示),并阐述作品的创新元素,从而实现用数据说话,虽然是大班化教学,但真正实现了以生为本的深度学习课堂。

设计意图:本环节教师运用 SOLO 分类理论,将收集到的过程性数据进行实时加工与处理,实时呈现学习诊断数据,体现了信息技术的高效与快捷,实现了数据说话、以生为本的个性化课堂,做到课堂精准分析学情,有针对性地实施课后个别化指导,引导教师用数据进行课堂反思,改进教学;课堂常规星的颁发激发了学生对下次课争星的期待与学习热情,也将深度学习的课堂推向了高潮。

目前,依托福建省教育教学研究室基地校建设,课题组的老师已在各自的信息技术与人工智能课堂尝试数据说话的深度教学课堂实践。在省基地校阶段成果研讨会上,省、市、区三级教研员对演武小学数据说话的深度教学课堂实践做法给予了高度评价,倡议其他基地学校一起用我们的教学管理平台开展基地校评价建设研究,探索大班化以生为本的个性化课堂教学,争取建构以发展学生核心素养为目标的数据说话的深度教学课堂新模式!

三、教学评一体化的智慧课堂

课堂教学是课程实施的中心环节,课程实施要实现"教学评一体化",才能产生较好的教学效果。为此,教师在教学设计和组织上,就要依据学科核心素养培养要求,一体化地考虑教什么、怎么教、为什么而教,明确教学应达到的预期学习结果(学习成就)。在教学过程中关注"学生学会了什么""是否达到了预期的学习目标",真实地评价教学效果,以便调整下一步教学计划,进一步提高教学实效,做到"教学评一体化"。"教学评一体化"不是一种特定的教学模式,而是课堂教学设计和组织的理念和指导思想。"教学评一体化",指向有效教学。倡导在课堂教学中,把教、学与评价相互整合,重视开展日常学习评价,以评价促进学习,把评价用作教学工具,使学生的学习行为、教师的教学行为、学习的评价融合为一个整体;为了实现"教、学、评一体化",研究团队基于学校教学实际需求研发全学科教学评一体化云平台,助力全校(区域)教师的教与学生的学。

(一)人工智能课程教学评一体化云平台的课堂教学实践

2022 年 4 月,教育部正式颁布义务教育阶段新修订的各门课程标准,信息科技从综合实践活动中独立出来,成为一门独立学科,并颁布了新版"信息科技课程标准"。新课标的诞生打破了我国义务教育阶段信息课程长期没有课程标准的尴尬局面,提升了义务教育信息科技教师的学科地位。在义务教育信息科技课程标准颁布背景下,演武小学延续二十年教育信息化特色,擦亮"全国现代教育技术实验校""福建省教育信息化实验校""厦门市智慧校园三星达标学校"金字招牌,继续深化学校课堂教学改革,研究团队自主研发全学科教学评一体化教学平台,探索"以学习为中心"的课堂教学路径,通过学校信息科技与人工智能课程的教学实践,形成了基于教学评一体化云平台的课堂教学,使学生全身心投入学习,最大程度激发学生的学习兴趣,努力实现"让儿童以整个身体与心灵来到学校,并能以更圆满发展的心灵和更健全的身体离开学校"。

教学评一体化云平台功能见表 3-2-2。

表 3-2-2　教学评一体化云平台功能列表

名称	使用者	功能描述	设计意图或解决问题
课堂任务单	教师 学生	按年级课题将任务单呈现在学生电脑端,每节课学生可根据任务单自主完成内容学习	改变原有 PPT 授课模式,将任务单电子化,自动推送到每个学生电脑桌面
课堂展览	教师 学生	按学期以年级课题为模块将所有学生作品展示给学生,学生按需浏览(跨年级、跨班级学习)	教师浏览所有学生作品定出每节课小老师 学生随时浏览、借鉴别人作品,以巩固旧知、学习新知
作品上传 过程评价 (1~6分) 自评(1~5分) 师评(1~5分)	教师 学生	学生将课堂作品(成果)上传,根据课堂表现加课堂评价分,按标准给自己打作品自评分,同时反馈课堂遇到的困难;教师课后可复盘打师评分	改善以往课堂电子作品无法归类收集、复查重做、跨段学习、统筹管理等问题,并将课堂评价与作品自评量化,对课堂困难进行分析诊断有助于学生下一步学习;教师课后可盘点整节课进行个性化指导
组评(1~5分)	学生	组长对本组所有作品进行评分	用数字量化评价代替传统虚化文字评价

续表

名称	使用者	功能描述	设计意图或解决问题
互评(1~5分)	学生	所有同学对优秀作品进行评价	用数字量化评价代替传统虚化文字评价
课堂诊断	教师学生	数据加工后,实时按教材、课题、班级自动分析,统计每个学生依照 SOLO 分类理论得到的实际学习水平层次	把脉学生学习情况,制订导优辅差安排,安排课后个性化指导工作,调整课堂及下节课教学策略与内容
学习资源	教师学生	按需提供课堂学习资源	有利于学生的分层学习与个性化学习

近两年来,演武小学信息技术与人工智能课程教师不断收集教学评一体化课堂教学实践中的实际功能需求,研发团队数次迭代更新教学评一体化云平台,探索出了一套基于教学评一体化云平台的课堂教学模式,即"生活导课—任务驱动—自主探究—创新提升—数据收集—作品展评—效果诊断—总结奖励"。下面以厦门市人工智能进百校项目之五年级人工智能课程智慧农业之"自制机械农具"一课为例,展示基于教学评一体化云平台的课堂教学实践。

1.生活导课

教师创设生活情境,播放平时使用农具的片段,请学生认一认都是哪种农具(锄头、铲子、镰刀)并分析其运动方向。请学生上台表演三种手工农具(锄头、铲子、镰刀)的操作,请学生观察、分析每个农具的操作运动方向,从而导入本课学习任务单。学生在教师引导下登录云平台观看相关任务单对应的授课视频、教学课件、微课及相关学习资源等学习支架,将自己在学习过程中遇到的问题记录。

2.任务驱动

本课任务单分解为:任务一:尝试搭建简易机械农具;任务二:改造升级机械农具;任务三:尝试智能农具。课堂上通过头脑风暴、交流讨论方法解决学生遇到的难点问题,讲解机械农具运动的科学原理,引导所有学生运用

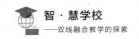

已有知识经验设计问题解决方案。通过同伴交流讨论,分析现有简易机械农具的不足,运用限定器材(增加舵机数量)进行改进,比如使用增加挡位、功能等方式,再通过编程手段加以验证,达到迁移应用旧知、自主学习新知的目的。

3.自主探究

根据任务单要求,以二人小组为单位(人工智能教室学习分组:班级分八大组,每组再分二人小组)进入自主探究,二人小组利用平台任务单学习资源分工协作,完成机械农具创作。二人小组自主选择器材(传感器+执行器)、模型搭建等搭建部分任务;快速完成搭建小组分层实现运动功能的程序编写,教师全程巡视并指导学生完成模型搭建,引导负责编写程序的同学灵活使用顺序、条件、循环三种结构完成农业半自动化劳作。在作品调试环节给予各小组有力的帮助,同时发动大组长与快速完成的同学以"本课小老师"身份进行组内帮扶,帮助动手能力较弱的小组在指定时间内完成模型搭建与程序编写。

4.创新提升

机械农具实现了半自动化劳作,如何更省力地智能劳作? 教师继续鼓励组内学生发动自己的聪明才智,提出智能化改进创新小组作品意见,以自主探究形式完成作品创新,优化改进模型搭建与编程逻辑,努力完成创新应用水平作品。

5.数据收集

完成智能化农具作品后,小组长将本组成员课堂表现性评价、作品、作品自评数据上传,大组长根据小组作品完成情况与组员本节课课堂表现将组评数据上传,这是基于云平台的课堂数据采集环节。自评组评结合力争做到平台收集的数据客观公正。在小组上传作品的全过程,教师会逐一对已上传同学的作品进行点评,此过程中,学生继续改进自己的作品。

6.作品展评

接下来教师浏览作品,请创新应用小组展示作品,并阐述表达自己作品的创新元素,其他学生分享收获、感想、反思。教师在此过程中通过智能农具作品的探究,增强学生自主创新意识、国家安全意识。

7.效果诊断

本环节是教学评一体化教学的核心环节,也是平台最大的亮点。绝大多数小组作品上传完毕,课堂进入诊断环节。请学生观察本节课班级总体学习情况、各个学习水平层次的学生名单,以及课后进行线上线下个性化差异辅导的学生名单。每位学生都可以进一步反思成果与表现。

8.总结奖励

教师通过数据图表总结本节课学习总体情况以及个体学习情况,将(学校 360°评价体系)课堂常规铜星颁发给"创新应用"小组组员,课堂常规铜星的颁发进一步激发了学生的学习热情,也将教学评一体化的课堂推向了高潮,实现了数据说话、以生为本的个性化课堂,做到了课堂精准分析学情,促进学生的再次学习。课后教师利用数据进行课堂反思,改进课堂教学,有针对性地开展课后个别化指导。

运用教学评一体化云平台开展人工智能课堂教学,不仅实现了教学评一体化,还实现了核心素养导向下的深度学习课堂,课堂上教师将学习的主动权还给学生,积极创设合作交流、思维碰撞的环节,将更多的时间留给学生自主创造,充分调动了学生的自主性、参与性和积极性。

就老师而言,教学评一体化云平台实用高效,师生操作便捷,不占课堂时间,不影响课堂进程;课堂上师生的教学互动留下了痕迹,包括师生互动、生生互动,且生生互动受益最大(课前、课中、课后皆可)。其次平台的评价做到了过程性评价与终结性评价的融合,其学生作业成果、作品欣赏、评价活动,特别是学生在整个学习过程中的表现性评价、自评、组评,都实现了可量化、可追踪、可统计、可分析,简单实用、一目了然,教学效果显著,促进了教师对一节课的再复盘。

就学生而言,每节课上可以直接在平台看分层任务单、学习资源(课件、视频、操作说明等),学生自己看、自己学着做,不熟悉的步骤可以多看几次。如果完成得比同学快,可以按自己的节奏提前做下一个任务(像闯关一样),真正实现自主分层学习,还可以当小老师,帮助同学。学生对课堂学习诊断既爱又怕：平台用数据直观地告诉你处于哪个学习水平，如果这节课没学好，必然很失落，这也激励同学们课堂上认真学习，争取每节课达到"创新应用"或"完全掌握"水平。

基于教学评一体化云平台的课堂教学实践研究，是研究团队在义务教育课程方案和课程标准（2022 年版）背景下革新学校课堂教学的一次大胆尝试：探索大班化以学生为本的教学评一体化课堂，建构以发展学生核心素养为目标的课堂教学新模式；具有一定的新颖性和时代性，体现了以建构主义与深度学习理论为指导，以 SOLO 分类理论为等级评价指标，"以学生为中心"的设计思想，促进以学生为主体的差异化教学与个别化指导；全方位提升了学生信息意识、计算思维、数字化学习与创新、信息社会责任四大核心素养，能通过课堂培养学生适应未来发展的正确价值观、必备品格和关键能力。

（二）用智慧课堂搭建"童话创编"的舞台

童话写作对中年级学生有着重要而深远的意义，《义务教育语文课程标准（2022 年版）》指出，要"为学生的自主写作提供有利条件和广阔空间，减少对学生写作的束缚，鼓励自由表达和有创意的表达，鼓励写想象中的事物。"现阶段的习作教学多以写实记事为主，不断引导学生还原现实生活，甚至鼓励学生进行各类模仿范文的写作。这样的教学理念在无形中禁锢了孩子的天性与创新力。许多教师为求在应试教育中让学生的习作得高分，往往忽略了童话教学，因为在他们眼里童话是考试中较少出现的题材。然而，童话教学是小学中年级学生学习写作的必经之路，因为童话习作除了有利于开发儿童想象力和创造力、陶冶儿童审美情趣外，对有效提高小学生习作水平有着奠基石般的重要作用。

三年级作为中年级习作教学的起步阶段，学生将从看图写话迅速地过渡到无图的写作中。因此，起步的习作教学模式就起着关键性作用。三年级的第七单元包含四篇童话故事，教材在习作要求中提出让孩子进行童话故事的编写。对于编写童话，相比写人记事，学生会有较强的习作兴趣和热情，但要创编好一篇完整的童话故事却非易事。因为对于三年级的学生而言,没有情景,没有素材就进行天马行空的想象,会让学生的思维没有方向地向外扩散,故事的主题没有中心,创编出来的故事没有价值,这样一来就失去了写作的意义,错失了提高写作水平的良好时机。教师在这个单元的习作教学中,为学生创设了一个特殊的故事情景,即班级将开展一场森林音乐会,并以此情景为背景开展一次系列活动,让学生在活动过程中进行故事创编,搭建一个编写故事的平台,从而达到训练语言表达和表演的目的。在此项活动的开展中,教师还有效地借助电子书包保证各项活动及训练的有效性、时效性,及时的交互反馈促进了活动的深入开展。

1.创设情境,塑造角色形象

在活动伊始,让每个学生自主创设一个小动物,并给这个小动物赋予个性化的性格特点。学生一开始会无从下手,虽然脑海中有许多动物,但有严重的选择障碍或者无法很好地为角色确立性格特点。教师通过引导,特别是使用电子书包的推送功能,让学生在浏览大量童话故事,尝试结合生活中自己接触的人物的个性特点后选定动物形象,并根据小动物特征确立森林音乐会上要表演的项目。童话的趣味性、想象性特别符合儿童心理特点和认知水平的需求,能够引起儿童极大的共鸣,激发其阅读与写作的热情。童话的语言要求一般不高,多以欢快浅显为主,谋篇布局一目了然,模仿难度相对较低,儿童习作意愿更为主动和强烈。在创设情境后,教师要求学生根据所确定的个性特点,先对动物进行概述,并提出情节要与角色性格相符合的要求。大部分学生能根据角色的特点来介绍小动物。如有同学设定自己为一只懒惰而骄傲的猪,那么这只猪在准备阶段就只是躺在家里吃吃喝喝,或是嘲笑别的小动物;还有同学设定自己是一只勤奋的蝉,每天起早贪黑地练习扇动翅膀来发出优美的乐声;等等。在学生们的创设下,动物角色个性鲜明,富有特色。

当所有角色创设完毕后,教师利用电子书包中的分组研讨功能,让学生将自己所写的准备阶段的内容,通过汉字录入或拍照的形式上传至班级平台(图3-2-5)。随后建立班级分享模式,第一阶段先进行粗略浏览,每个学生大致浏览全班同学的描述片段,通过第一轮的筛选,那些性格鲜明、叙述精彩的片段会在学生的脑海中留下印迹，教师指导学生在浏览过程中进行点赞评价。第二阶段，教师将点赞数量较多的片段进行投屏，让学生进行二次阅读并小组交流，这样的形式能够帮助学生加深记忆点，记忆自己看到的优秀片段，让学生在阅览中学习别人写作上的优点，并能够在下一次的写作中合理有效地运用。电子书包的优势在这样的课堂上得以最大化地展示，教师不再拘泥于个别优秀习作的分享，也不用担忧学生无法在短时间内吸收别人的长处。通过这样直观的、全面的浏览和学习，我们不难发现，学生已经能够初步了解班级同学对于角色的定位，甚至可以说出别人在习作上的优点和缺点，并能及时地对自己的习作进行调整和改进。

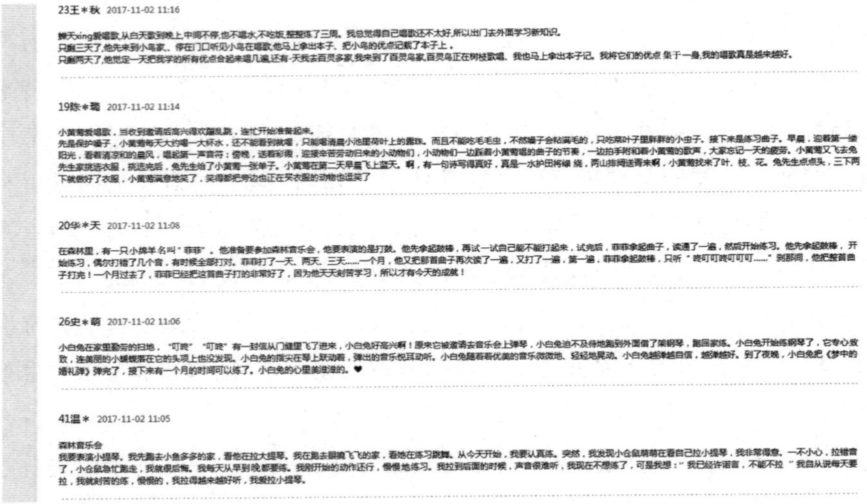

23王＊秋 2017-11-02 11:16

蝉天xing爱唱歌,从白天歌到晚上,中间不停,也不喝水,不吃饭,整整练了三周。我总觉得自己唱歌还不太好,所以出门去外面学习新知识。
只跑三天了,他先来到小鸟家、停在门口听见小鸟在唱歌,他马上拿出本子、把小鸟的优点记载了本子上。
只剩两天了,他觉定一天把我学的所有优点合起来唱几遍,还有-天我去百灵多家,我来到了百灵鸟家,百灵鸟正在树枝歌唱、我也马上拿出本子记。我将它们的优点 集于一身,我的唱歌真是越来越好。

19陈＊璐 2017-11-02 11:14

小黄莺爱唱歌，当收到邀请后高兴得欢蹦乱跳，连忙开始准备起来。
先是保护嗓子，小黄莺每天大约喝一大杯水，还不能看到就喝，只能喝清晨小池里荷叶上的露珠。而且不能吃毛毛虫，不然嗓子会粘满毛的，只吃菜叶子里胖胖的小虫子。接下来是练习曲子。早晨，迎着第一缕阳光，看着清凉和的晨风，唱起第一声音符；傍晚，送着彩霞，迎接辛苦劳动归来的小动物们，小动物们一边踩着小黄莺唱的曲子的节奏，一边拍手附和着小黄莺的歌声，大家忘记一天的疲劳。小黄莺又飞去兔先生家挑选衣服，挑选完后，兔先生给了小黄莺一张单子。小黄莺在第二天早晨飞上蓝天。啊，有一句诗写得真好，真是一水护田将绿 绕，两山排闼送青来啊，小黄莺找来了叶、枝、花。兔先生点点头，三下两下就做好了衣服，小黄莺满意地笑了，笑得都把旁边也正在买衣服的动物也逗笑了

20华＊天 2017-11-02 11:08

在森林里，有一只小绵羊名叫"菲菲"。他准备要参加森林音乐会，他要表演的是打鼓。他先拿起鼓棒，再试一试自己能不能打起来，试完后，菲菲拿起曲子，读通了一遍，然后开始练习。他先拿起鼓棒，开始练习，偶尔打错了几个音，有时候全部打对。菲菲打了一天、两天、三天......一个月，他又把那首曲子再次读了一遍，又打了一遍，第一遍，菲菲拿起鼓棒，只听"咚叮叮咚叮叮叮......"刹那间，他把整首曲子打完！一个月过去了，菲菲已经把这首曲子打的非常好了，因为他天天刻苦学习，所以才有今天的成就！

26史＊萌 2017-11-02 11:06

小白兔在家里勤劳的扫地，"叮咚" "叮咚"有一封信从门缝里飞了进来，小白兔好高兴啊！原来它被邀请去音乐会上弹琴，小白兔迫不及待地跑到外面借了架钢琴，跑回家练。小白兔开始练钢琴了，它专心致致，连美丽的小蝴蝶落在它的头顶上也没发现。小白兔的指尖在琴上跃动着，弹出的音乐悦耳动听。小白兔随着着优美的音乐微微地、轻轻地晃动。小白兔越弹越自信，越弹越好。到了夜晚，小白兔把《梦中的婚礼弹》弹完了，接下来有一个月的时间可以练了。小白兔的心里美滋滋的。❤

41温＊ 2017-11-02 11:05

森林音乐会
我要表演小提琴。我先跑去小鱼多多的家，看他在拉大提琴。我在跑去眼镜飞飞的家，看她在练习跳舞。从今天开始，我要认真练。突然，我发现小仓鼠萌萌在看自己拉小提琴，我非常得意。一不小心，拉错音了，小仓鼠急忙跑走，我就很后悔。我每天从早到晚都要练。我刚开始的动作还行，慢慢地练习。我拉到后面的时候，声音很难听，我现在不想练了，可是我想："我已经许诺言，不能不拉"我自从说每天要拉，我就刻苦的练，慢慢的，我拉得越来越好听，我爱拉小提琴。

图 3-2-5　平台分享准备内容

2.彰显想象，创编趣味故事

其实，童话本身就是作者想象力最直接的表现形式，它以超越现实的思考和情境为创设基础，为激发小学生的想象力做出了极大的示范作用。小学生通过阅读各种题材的童话，不仅可以学到科学运用想象的方法，还可以促使自己展开想象的翅膀。因此，在学生确定并互相了解角色后，教师利用电子书包将学生进行随机分组，两两一组。同时设定森林音乐会 PK 赛这

一活动形式,要求学生通过再次了解对手的性格特点,进行故事的创编,情节设定为两个角色在比赛前的碰撞。学生根据已有的认知水平进行故事创编,在进行童话创作的实践中,学生的想象力不断地被激发,因为有了已有生活经验的基础,再加上教师给予的情节,学生能展开合理的想象,去创造和设计更多的情景。根据小学生的实际情况,在教学中更多的是进行现实性想象力的开发。学生必须根据各种事物之间的现实关系,在合理关系的基础上开展童话创编活动。

我们不难发现,由于遇到的对手不同,学生所编写的故事情节也有较大的不同。学生不再局限于以往看过的童话故事框架,而是打破以往善恶分明的故事模式,转而从现实角度出发,更加真实地再现了一个个有血有肉的童话场景。然而个人的力量总归是有限的,学生在故事的编写上仍存在一定的局限性,在语言的表达上出现了口语化、啰唆的情况,致使故事缺乏生动性。因此,为了改善这一现状,我们将写得较好的片段再次通过电子书包推送给全班,供同学们欣赏,随后利用分组研讨功能进行全班性的交流,学生在欣赏的过程中能够明确地指出优秀作品的优点,同时提出合理的修改意见,而作为被推荐作品的作者,也能够通过这样的方式了解其他同学对自己作品的评价,争取再次提升。这样的课堂模式促使学生能在短时间内吸收其他同学的优点,有效地转化成自己的语言表达。

3.合作创编,提升表达能力

个人的创编虽然能呈现个性化的故事情节,但在逻辑上不够严谨,故事内容有些过于夸张或是缺乏完整性。因此,为了更好地奠定童话创编的基础,下一个阶段,教师通过指导学生学习《陶罐与铁罐》,让学生练习对话及提示语的编写。在语文习作教学中,读写结合中的"写",其本质是儿童对所"读"内容进行二度创造的过程,这一过程需要儿童调动记忆并通过想象、思考等创作出新的作品。所以,在阅读行为基础上的写作训练是对儿童想象力和创造力的再次开发和深度挖掘。

其实每个儿童都是"天生的童话作家",因为孩子们具有丰富的想象力,虽然他们的想象缺少章法,但他们一旦进入童话作文奇妙的世界里,就能尽情地展开想象的翅膀。我们可以欣喜地看到学生自主创编的作品生动有趣,虽然童话是幻想虚构的内容,但也是现实生活体验与认知的反映。儿童有着真挚的情感和丰富的感受力,其审美能力不容小觑。他们对生活的感知非常细腻,经过前期的引导与唤醒,其选择的童话主题也呈现出丰富多元的状态模式。

为了能更好地让学生在创编对话的过程中,借助提示语这一语言平台,搭建故事的支架,我们还在课堂中利用电子书包推送素材包。素材包内有各类关于描写人物神态、性格、心情等的词语及句子。学生两两一组通过筛选素材包中的有效内容,并借为己用,从而丰富和充实自己小组的对话,进而让创编的对话更加完整,进一步凸显角色的性格特点,促使童话故事更加充满现实意义。

4.融合表演,挖掘潜能个性

为了让语文实践活动与写作教学更好地结合起来,我们尝试将教育戏剧融入课堂,使课堂更加生动,充满趣味性。因此,针对"森林音乐会"这个主题活动,我们有效地开展童话实践活动,这是一种非常新颖的体验性教学方式。在实际的教学中,根据小组创编的对话内容进行角色表演。让学生在角色体验活动中,展开自己想象的翅膀,尽情地丰富自己的知识和情感,并得到更多的体验和提升。学生热衷于使用自己创编的对话进行表演,让枯燥的课堂变得趣味横生,增强了学生自主学习的积极性和主动性。戏剧教育的加入,激发了学生的学习兴趣,提升了学生文字和画面相互转化的能力。学生在表演中感受到了表演的乐趣,这种创编的成功体验会激发学生更强烈的写作欲望。

学生通过表演能够发现自己创编的故事中出现的问题,例如需要表现角色生气时的样子,更需要借助动物的神态及动作来展现,仅仅依靠简单的语言是无法强烈地表现人物的个性特点的。因此,表演的方式起到了桥梁作用,能够激发学生的语言表达欲望,从而进一步提升学生的写作能力。这样与表演相结合的写作模式使得学生在潜移默化中提高了创编童话的能力,也使得所编写的童话故事不再浮于表面,能更好地与现实生活相契合,在不脱离现实的情况下展现出学生丰富的想象力，这样所编写出来的情节对话让人耳目一新。

孙绍振先生说："从学生已知中揭示未知，指出他们感觉和理解上的盲点，将已知转化为未知，再揭示其中的奥秘让他们恍然大悟。"在熟悉的童话中发现学生未知的创作之法，让他们对童话特征有了更全面的把握，为他们创编童话搭建了思维坡度。

5.多维评价，完善实践活动

在语文教学中，评价无论是在课堂教学中还是语言实践活动中都有着极其重要的意义。通过评价体系的建立，学生能通过更直观的评价来改进自己在写作及表演中的不足。因此，在这次"森林音乐会"主题实践活动中，教师通过电子书包的投票、选择功能（图 3-2-6），在写作及表演两个方面制定详细的评价机制。例如写作上从表达清晰、个性突出、用词准确等来评价，表演上从动作、神态、语言表演三个方面来进行合理有效的评价。学生

图 3-2-6 电子书包的投票、选择功能

通过评价系统中的细化标准进行等级评定,由于电子书包具有较强的交互性,评价的结果能够及时地进行统计和分析。教师能够更直观地了解学生的评价情况,而学生也能通过别人对自己小组的评价来发现自己在创作和表演上出现的问题,及时地进行纠正和改进。如此让课堂更具有时效性,信息化手段的介入,让课堂的效率得到了大大的提升。这样的方式也促使童话创编的教学更加有效。

童话独特的语体与表述特征、充满童真童趣的故事情节、优美活泼的语言,深受儿童的喜爱。其丰富厚重的教育教学价值让童话教学成为与新课标理念完美契合的教学载体之一。在整个系列活动中,因充分利用电子书包的优势,保证了活动有序、顺利地开展。学生在活动中不仅收获了写作水平的提高,更收获了将语言与表演相融合的技巧。电子书包的利用,打破了以往的常态教学模式,让课堂及活动更加丰富,更有实效,也非常有利于教师在资源上的搜集和整合。因此,在小学童话教学中搭建童话创作的情景,实施创编、表演、评价的整体综合策略,用儿童富有童趣的语言描述想象中的世界,将孩子们的奇思妙想跃然于纸上,以求最大程度地彰显小学童话的教育教学价值,让小学生也能成为小小作家,有力地促进小学生语文素养的提升。

四、电子书包视域下的交互式课堂教学

(一)电子书包视域下的小学语文阅读课教学

随着厦门市思明区各试点校"电子书包"项目的逐步普及开展,教师通过使用逐步发现以电子书包辅助教学,可以有效提高小学语文阅读课的课堂教学效率。本文以人教版六年级下册《鲁滨孙漂流记》为例,阐述电子书包在小学语文阅读课课堂教学中的设计及策略说明,以及基于应用效果的反思。

1."电子书包"视域下阅读课教学重难点的设定

《鲁滨孙漂流记》是英国作家笛福写的长篇小说,鲁滨孙是书中的主人

公,本课是该书的缩写。鲁滨孙因乘船遭遇暴风失事,漂流到荒岛,一个人在荒无人烟的小岛上战胜了种种困难,生活了二十多年。其中的故事情节,处处紧扣"险",塑造了一位不畏艰险、迎难而上、聪明能干的主人公形象。经过一年多电子书包的使用,学生对电子书包很感兴趣,对其相关操作也比较熟悉。学生已经具备了在教师引导下,利用电子书包自主学习本课的能力。因此,教师在教学中利用电子书包的预习、班级画廊、分组讨论和画思维导图等功能来突破重难点,即培养学生在快速阅读中把握主要内容的能力,并初步感知人物形象与精神,激发学生课外阅读的兴趣。

2."电子书包"视域下阅读课教学过程的设计

(1)"巧"用电子书包,诊断课前预习。

本课是《鲁滨孙漂流记》的梗概和片段截取,因此,让学生阅读原著是整个教学过程中不可省略的一环。至于把它放在课前还是课后,则取决于班情。在本教学设计中,教师在课前就布置了阅读原著的任务,以便引发学生在课堂上深入学习的兴趣,也有利于课堂活动的组织。

教师在上课伊始便利用电子书包的"预习"功能进行了针对原著阅读的闯关检测。教师设计了十道关于《鲁滨孙漂流记》原著的单选题,让学生在6分钟内完成。电子书包可以实时统计出每个孩子每道题的答题情况,并把总分由高到低排序。此外,我让孩子们在课前搜集了《鲁滨孙漂流记》的作者——英国作家笛福的详尽生平,以及他的作品简介;并布置孩子们事先拍照上传到了电子书包的"班级画廊"中。在闯关环节之后,教师巧妙地将话题由《鲁滨孙漂流记》引到笛福及其作品上。

策略说明:学生个体和同伴们的答题情况在屏幕上一目了然地显示了出来,老师也可以立刻明确哪些题得分率较高,可以略讲;哪些题失分率较高,需要精讲。之后,让孩子们通过浏览"班级画廊"中同学们的作品,从而加深对笛福其人与其作品的了解。

(2)"精"用电子书包,实现自主探究。

由于课文《鲁滨孙漂流记》分为两部分——梗概和片段,这对下一篇文章《汤姆·索亚历险记》的学习有着很好的指导和借鉴作用,所以教师在教学设计中就这种特殊的文体进行了剖析。教师利用电子书包的"分组讨论"功能,将学生分为五个大组,并设计了五个话题供他们自主探究(图3-2-7)。每个大组利用电子书包"分组研讨"的交互、共享功能,进行小组讨论、组间共享,还可以为他人点赞或给予评论。此外,针对话题二,教师让孩子们用画思维导图的方式来回答。

话题一:快速阅读梗概部分,了解这部世界名著的主要内容。
话题二:画出鲁滨孙身处绝境时所找到的那些活下去的理由,说说鲁滨孙在荒岛上遇到了哪些困境,又是怎样解决的。
话题三:鲁滨孙在荒岛上创造了生存的奇迹,他给你留下怎样的印象?
话题四:精彩片段的主要内容是什么?
话题五:精彩片段在表达上与梗概相比有什么不同?

图 3-2-7　五个话题

①五个话题的设计见图 3-2-8。

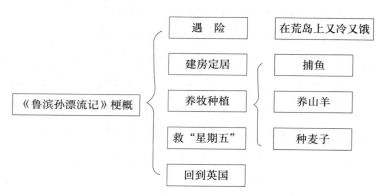

图 3-2-8　五个话题的设计

②话题二中学生设计的思维导图范例。

策略说明:电子书包的意义在于变更教师的教学手段,改变学生的学习方式。因为文体的特殊性,本文的教学改变了传统教学中将整体感知和精细研读分离的定式,而是将二者有机糅合,主要以了解故事基本线索、掌握文章结构为基本任务,从中有机渗透以体会情感、感知人物和研读布局;通过组织学生开展自主学习、自主探究,挖掘阅读课文当中的重要线索。

这节课的话题设计得比较多。然而,一整节课上下来,教师感觉孩子们研讨氛围浓烈,在教与学上反而达到了事半功倍的效果。每个大组在组内进行交流和互评后,再在全班进行交流和分享,其他大组成员可以根据学生回答实时补充。孩子们在浓烈的学习研讨氛围中形成了一种良性的互动。学生不仅对本组的话题进行了深度研讨,而且也对其余自己感兴趣的话题有选择地进行思考与探究。学生既是回答者,也是评价者,这样的课堂真正做到了以生为本,把课堂还给了学生。从思维导图的设计过程来看,学生们参与的积极性很高,画的思维导图也是五花八门,但基本围绕着时间顺序进行总结归纳,这一环节的设计有助于学生将清文章脉络,也于无形中提高了学生列小标题的能力。

(3)"善"用电子书包,便于拓展延伸。

在课堂教学进入尾声时,教师利用电子书包出示了《鲁滨孙漂流记》原著中其他几篇相关精彩片段,如鲁滨孙制作罐子的片段,让孩子们限时阅读。接着,让他们在画板上学习制作阅读摘要卡(示例见图 3-2-9),再利用电子书包的共享、诊断和评价功能,让学生们为自己感到满意的作品点赞,选出最佳阅读摘要卡,并发表评论意见。

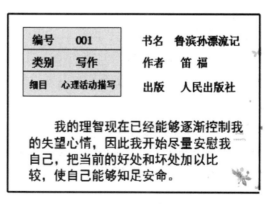

图 3-2-9　学生完成的阅读摘要卡示例

策略说明：用电子书包出示原著的其他精彩片段也是为了吸引孩子们课后能更加自主地阅读原著。毕竟小说精彩、生动的故事情节是阅读的重心所在，也能让孩子们在潜移默化中学会好的表达和写作方法。让学生根据阅读内容制作阅读摘要卡是阅读课的一个总结与积累过程，有利于学生达到学以致用的目的。利用电子书包的展示功能，在课文教学过程中可以展示学生学习成果或个别学生学习结果，以此为抓手进行课堂教学；也可以对比展示多位同学的学习结果，在比较中理解文章的内容。最后，允许孩子们对自己满意的阅读摘要卡进行点赞和评论，可以增加学生深入交流互动的内驱力，也在一定程度上训练了学生的聚合思维、联想思维。

（二）利用电子书包，打造收放自如的作文教学

作文教学要真正取得实效，关键在于教师能充分调动学生学习的积极性和主动性，在一个更为广阔的空间里自由自在地学习写作。下面以习作课《风味美食我代言》为例，浅谈如何在作文教学中利用好电子书包，使它成为改变学生学习方式和教师教学方式的有力工具，以更好地实现"放""收"结合、收放自如的作文教学理想状态，提高作文教学的质量和效益，给学生带来更多的获益。

近些年，电子书包获得广泛普及，它的运用打破了学校的"围墙"概念，拓展了现实校园的时间和空间维度，使教育过程更趋于信息化、开放化。演武小学在电子书包的应用实践中对电子书包教学应用的模式、环节展开了探索，力求让电子书包更好地服务于教师的教和学生的学。可以说，"电子书包"给我们带来更多的是教育理念的创新和学习方法的变革。

这节习作课，教师选取了学生感兴趣的话题——美食作为教学内容。以往的作文教学模式通常有以下教学程序：教师指导—学生誊写—教师讲评—学生修改—教师批阅，完成这一串流程大约需要花上两周的时间。在这样的习作教学中，教师的指导只有"收"而缺少"放"，常常导致学生作文千篇一律，讲评过后学生仍不知道习作问题所在，教师辛苦批改也得不到理想的效果，整个流程耗时、低效。习作课中利用电子书包，可以拓展学生的学习空间，放手让学生独立自主地进行写作、评议和修改，让学生获得良好的、

积极的情感体验,产生进一步学习的强烈愿望,于课上通过师生互动、回应反馈,让学生在碰撞中受到启发,从而获得写作知识的增长和能力的提升。这便可称得上理想的"放""收"结合、收放自如的习作教学模式。下面就结合习作课《风味美食我代言》,浅谈如何利用电子书包实现这一理想的教学模式。

1.提供资源,有向开放,还给学生习作的自由

《义务教育语文课程标准(2022年版)》指出,写作是运用语言文字进行表达和交流的重要方式,要为学生自主写作提供有利条件和广阔空间,减少对学生写作的束缚,鼓励学生有创意地表达。电子书包以网络环境为依托,背靠海量的学习资源,是学生开展自主、个性化学习的利器,也是教师"放手"的有力保障。

此次习作要求学生写的是记叙说明文,要求写出美食的地方特色,并且能使学生从中感受中华美食文化丰富而独特的内涵,增加对中华优秀传统文化的学习,开阔眼界,提升文化素养。从这一教学目标出发,教师在课前布置了相关的任务:(1)和家长一起品尝你所要介绍的美食;(2)登入学生空间或利用其他网络资源查阅资料;(3)独立完成习作并上传班级空间,浏览其他同学的习作。任务的布置不同于以往的程式,更侧重于让学生自主多样地尝试写作,既有亲子活动的丰富体验和感受,又有探究学习拓展学生的认知,还有多维互动体验写作的乐趣。另外,由于此次习作的对象是六年级学生,学生的习作不能只停留于对美食的外形、味道做简单的状物描写,教师将学生的习作引向更宽广的学习平台——电子书包,在这个平台上学生能收集到关于美食从原料到制作、风味等更多更具体的信息。同时教师也在这个平台上注入了与美食有关的图片、视频资源,例如学生熟知的《舌尖上的中国》,通过观看视频,学生一方面可以获得更多的写作素材,另一方面也可以借鉴《舌尖上的中国》介绍美食的方法,通过展示人和食物之间的故事,挖掘美食的人文内涵,升华美食的意义。学生习作过程中,教师不做过多的指导,让学生放胆为文,独立地表达自己的思想,张扬自己的个性,发挥自己的创造力。最后通过发布习作到网上,改变了以往作文只有教师一人

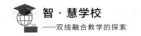

读的尴尬,班级同学都可以互相浏览彼此的文章,学生为了能够得到同伴的认同、欣赏,会更认真地对待,不断完善加工,写作的质量在无形中就上了一个台阶。

2.创设平台,交互反馈,推进教学资源的生成

作文教学如果没有建立写作的反馈系统,学生不能及时了解自己的写作成果,也就很难再激发写作欲望。而利用电子书包的分组研讨功能,有了多重的评价主体、多元的信息反馈,这种高频率的反馈,不但能点燃学生创作的激情,给学生带来写作的成就感,同时也有利于教师对学生的写作行为和结果进行有效的调控,促进学生写作水平的不断提高,从而增强教学的实效性。

教师在课前、课中、课后安排多次生生之间的作文研讨交流。例如学生在课前自主浏览班级同学的习作,同时还参与了跟帖评论、点赞评选"最佳美食代言人"等活动,教师通过电子书包统计的结果能及时了解学生的习作完成情况,同时也能根据学生之间的互动了解学情。课中,教师让学生细读写得最好的三篇作文,边读边做批注,赏析三篇文章是怎样融入体验,生动地描绘美食的特点的,再把自己收获到的好的写作方法或受到的写作方面的启发用电子笔在平板电脑上写下来,相关笔记截图保存,并发布到分组研讨中与其他同学交流探讨。学生修改好作文后,教师又安排了一次交流,请学生将自己修改好的片段拍照上传到分组研讨,鼓励学生大胆指出同学作文中存在的不足,发表自己的看法。课后,学生可以根据同学提出的修改建议继续修改完善,最后再将修改好的作文发表到班级画廊中,和同学们分享此次习作的最终修改成品。这样的学习一方面充分尊重了学生的独立人格、学习需求、能力差异,同时也能够唤醒学生潜能,锻炼学生的语文综合活动能力。通过这样的交流碰撞,学生的写作思维得到开拓,而其中生成的新东西便是教学中活的资源。教师可以捕捉学生交流探讨过程中闪现的创造性的思维火花,使学生生成的基础性资源能够成为课堂上生生、师生间的互动性资源。这样,教学时就有可能对学生的各种资源进行有效的利用,最终达到教学相长的目的。

3.功能辅佐，积聚生成，促成写作素养的提升

"收""放"结合，绝不意味着"放"学生们"一马到天边"，而是强调教师要在捕捉学生不同状态的基础上，形成与"放"相关联的"收"。换句话说，学生动起来了，绝不意味着教师无事可做了，而是意味着教师需要做出更高水平的"收"的动作。而电子书包多种多样的功能正好能够更为高效地帮助教师引领学生进一步学习提升。

根据课前了解到的学生习作完成情况，教师利用电子书包投票功能让学生选出习作中最大的难题，以便更准确地把握学生写作的难点，从而对课堂教学内容做出更合理的规划。课上教师先向学生推送了班里两位同学介绍"土笋冻"的习作片段，学生通过阅读对比发现前一篇习作的问题所在，由此引出本次习作学生普遍存在的问题——堆砌资料，但推送的第二个片段就较好地摒弃了这一问题，这种对比为之后学生自主赏析佳作做好铺垫。在学生赏析完三篇优秀作文后，教师将学生的作文笔记投影到大屏幕上，由学生自由汇报。学生呈现的作文笔记能从不同视角，运用不同的思维方式去思考。这时教师重点从旁引导，让学生了解描绘美食形味特点可以通过调用视觉、嗅觉、味觉、触觉等多种感官从多角度描写，另外还要着重突出品尝美食的感受，可以融入亲身体验，结合联想、想象等手法把文章写得有趣、生动。在"佳作引路，探讨写法"这个环节中，学生基本做到了"四个有"：有兴趣，有分析，有碰撞，有方向。这为之后学生自主修改习作做好了前期的知识、能力储备。帮助学生在自主修改的过程中逐渐做到了"新四有"：有内驱，有深思，有奇想，有借鉴。最后教师再次使用电子书包投票功能，由学生自主评价本堂课的学习收获。学生在课堂中悄悄地发生着变化：能主动地投入学习，在活动中能积极地思考自己的想法，并能大胆地表达出来，在有要求又宽松的氛围中变得敢想、敢说、会想、能说，学习态度、信心、方法与能力都得到明显的提高。

可以说，电子书包对于改革传统作文教学，改变作文教与学的方式，开放作文教与学的空间，提高作文教学效率和质量，培养学生的写作兴趣和能力都有着重要的作用。但是，不可否认，如今电子书包仍存在种种问题，同

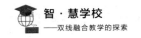
时利用电子书包开展作文教学难度系数也较高,十分考验教师驾驭、组织开放式教学的能力。作为新时代的教师,只有不断吸收先进的教育理念,不断调整自己的教学行为,不断创新教学方式,才能跟上时代的脚步,引领学生更好地学习与成长。

五、"互联网+"背景下教学 App 的应用研究

随着移动互联网的快速崛起及移动应用、移动硬件的迅猛发展,智能手机的第三方应用程序——App 应运而生,它的出现极大地改变了人们的生活方式和思维习惯。App 也逐渐渗透到中小学教育行业,在一定程度上方便了学生的课外学习。

近几年来,厦门作为沿海发达城市之一也在积极开展移动学习的研究。教师研究团队在摸索和探讨的过程中一方面尽力消除传统"讲授式"课堂教学存在的缺陷,另一方面也努力为学生创造了足够的思考和实践空间,推动学生复杂性思维的培养和协作、交流、解决问题能力的提升。

演武小学是厦门市思明区首批智慧校园建设项目三大试验校之一。目前,电子白板已步入全校 50 间教室;电子书包的研究覆盖了所有学科的教研组,参与实验的教师有近 50 位;VR 的课堂试验尚在初步摸索阶段。除此之外,演武小学的教师还运用先进的云平台、微课、App 等方式进行课外教学研究,尝试探索各学科在小学智慧课堂外的运用研究。

(一)App 在小学语文智慧课堂外的运用研究

近几年,演武小学在小学语文智慧课堂外的 App 运用做了大量的探索,以下选择《我爱阅读》这个 App 进行具体研究和探讨。

通过对实验班级同学的调查,44 位同学,39 位同学有家用电脑并且可以上网,5 位同学因为租房家里无电脑或电脑在维修无法正常上网,但 5 位同学的家长都有智能手机,可以上网,因此满足使用 App 进行阅读练习的需求。

1.目标分析

三年级为义务教育踏入另一学段的开始阶段。这个时候学生已然由幼童转向孩童，其独立意识正在萌发，接收新信息的能力也在增强。对于某些问题有自身独特的见解，对事物皆充满好奇。三年级的语文学习，处于小学语文承前启后的阶段，是小学生能力培养与习惯习得最为重要的一个时期。学生在一、二年级的重点是学写看图写话，三年级起接触到作文，所以此时加强培养孩子阅读与写作方面的能力是十分必要的。

然而，学生在语文学习过程中经常会碰到下面 3 个问题：(1)有些学生积累了一定数量的词汇，知晓相关认字技巧，但运用并不熟练；(2)部分学生在组词连句成段上有障碍，进而对其阅读能力有所影响；(3)部分学生已然接触到作文写作，但是遣词造句的能力还有待提升，习作更像流水做账抑或欠缺连贯与生动性……这跟其在对低年级与中年级知识处理上方法欠妥有着直接必然的联系。所以，语文学习状态不稳定，呈现"马鞍形"。如此，可能会影响学生学习语文的积极性。如不及时调整，影响深远。

2.使用意图

《我爱阅读》这款基于移动终端设计的阅读练习，不拘泥于课堂，学生在家可以用笔记本电脑或台式电脑、智能手机完成阅读练习。在学校的时候，学生可在课余时间运用电子书包使用《我爱阅读》。App 中有趣的文章，实时的答案呈现，教师的一对一在线点评，生生间的互动点赞，大数据的分析和统计都吸引着三年级学生，让他们在玩中学，在学中体会阅读的乐趣。

3.实施过程

教师通过登录思明教育云端，找到《我爱阅读》端口，布置阅读任务，学生即可在同样的网页上登录后浏览教师布置的阅读任务，在规定的日期内完成，以完成率和正确率赚取积分，获得排名，赢得班级"阅读之星"的称号。如图 3-2-10 所示。

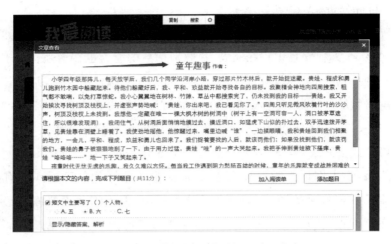

图 3-2-10 《我爱阅读》使用界面

4.应用成效

教育类 App 所呈现的内容相较于电子教材来说更为丰富,互动形式更为吸引学生。学生的学习过程主要涵盖阅读学习、背诵记忆、运用练习新知识以及娴熟掌握技能等,电子书包可以完成每个过程的一对一互动式学习,此类互动学习的体验方式是对学习方式的革命性改变。

通过对实验班级一整学年《我爱阅读》的使用试验,全班 44 人,每一周皆愿意登录相关网站进行阅读作业完成的学生就有 36 人,占到全班人数的81.8%,说明同学们在自主选择的情况下还是更愿意完成移动终端上的阅读练习。针对学生使用的有效问卷调查,接受调查的 37 位同学中仅有 1 位不喜欢《我爱阅读》,喜欢的同学高达 36 人。如图3-2-11所示。

图 3-2-11 学生接受《我爱阅读》使用情况问卷调查反馈

在访谈中，问及学生为何喜爱 App 的阅读练习时，觉得"能和其他同学进行比赛很有趣"的同学较多，部分学生觉得"老师可以及时对其作业予以批阅与点评"，也有学生对电子书包软件中的文章很有兴趣，觉得扩大了知识面。

根据对家长的调查反馈来看，68％的家长支持并愿意督促孩子使用移动终端完成《我爱阅读》的阅读练习，觉得这样能够有效培养学生阅读的兴趣与自学的能力；20.6％的父母对孩子的想法表示尊重，让孩子自由选择；仅有 11.4％的家长不支持，认为这个产品还有待完善或孩子安排得实在太满，无暇完成在线阅读练习。在访谈中，家长们认为《我爱阅读》中文章选择的深度和广度以及题型设置的丰富性都是其可以进一步完善的地方，登录有时候不流畅、经常发生登录失败，这也给使用带来麻烦。如图 3-2-12 所示。

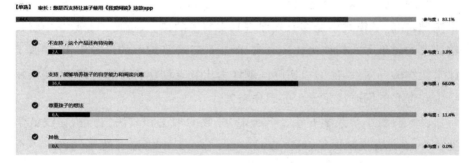

图 3-2-12 家长接受《我爱阅读》使用情况问卷调查反馈

通过《我爱阅读》移动终端的使用，提升了学生的语文阅读兴趣，也扩大了他们的阅读面，日渐增多的阅读理解比重不再让他们感到困难，阅读也不再成为他们语文学习路上的拦路虎，他们在趣中读，在趣中学。

多媒体移动终端设备引领着 App 的发展，也影响和改变着小学生的学习方式。我们应该在此基础上提升课堂教育教学的质量，促进课外移动学习的发展，争取各方力量的支持，开发出数量更多、质量更优、更贴近学校教材和教育方法的技术与工具。我们相信不久的未来，App 的使用将会更方

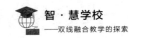
便,它也将更深入地走进小学生的日常学习和生活中,并产生更多积极的影响。

（二）"互联网＋"背景下教学类 App 的使用对提高小学生数学学习能力的辅助作用

随着科学技术的发展,先进的互联网技术正在应用于更多的领域当中,与教学改革相适应,演武小学也开始引入新的教学模式,将互联网概念植根于小学数学教学当中。在教育领域中,教师需要改变传统的教学思维,以教学模式的改变带动学生以更加高效的方式进行学习。对于现在的小学生来说,对于手机等电子设备是非常熟悉的,教师要对学生进行正确引导,让他们认识到新技术的价值,从而能合理运用数学教学类 App 进行自主学习,这对于学生体会数学学科乐趣有着重要作用。

1."互联网＋"背景下创建的真实情境

"互联网＋"本身就是时代的衍生物,是科技发展到一定程度出现的技术基础,在教学模式中能够有效促进真实情境的建立,也便于在数学中将比较抽象的思维方式转变为比较直观、学生们更容易理解的思考形式,摆脱了课堂教学的局限性,能够以实际问题作为出发点创建有意思的情境,在激发学生好奇心的同时满足学生的想象空间。

以人教版小学数学五年级下册中"分数的加法和减法"为例,在线教学类 App 中会有视频展示,可以直接演示:有一天小猪佩奇的妈妈烤了一个大蛋糕,佩奇开始分蛋糕,把蛋糕的四分之一分给了猪妈妈,八分之二给了乔治,又给了猪爸爸十六分之四,最后自己得到了二十四分之六,但是乔治觉得自己那块少了,吃了亏,有点不高兴。这时候教师开始引导学生来分析每只小猪都分到了多少蛋糕,尤其是为什么乔治觉得自己吃亏了。他和佩奇比谁多谁少呢?四个人谁分得最多呢?教师可以请学生讨论,鼓励学生发挥自主探究精神,培养学生自主学习和思考的习惯。

2."互联网＋"背景下鼓励学生进行小组合作学习

"互联网＋"背景下,不仅能够缩减人与人之间的距离,还能够有效促进学生之间的交流合作,让学习不再成为单一学生自己的事,而是在探讨和交流中培养学生的社交能力和团结协作能力。有个别学生仅仅关注自己的成绩，缺乏合作精神，这会阻碍学生在真正成长、进入社会之后与其他人的交流与合作，因此教师可以利用网络传播速度较快的音频、视频、图像、文字等设计教学情境，加强学生之间的互助协作。

以人教版小学数学五年级下册"统计"中的复式折线统计图为例，教师可以让学生们组成不同的调查小组，每个小组以一个比较小众的课题展开自主研究，这就需要选出组长和分别负责调查、制作电子演示文稿、绘制统计图表以及最终演示答辩的同学。学生形成一个个有凝聚力的团体，分工协作，利用网络资源获取更多知识，从而在提升教学质量的同时，促使学生的团队意识不断提升。这种能力对于学生未来的发展也有着重要的作用。

3."互联网＋"背景下的教师评价和辅导

在构成教育督导的体系和模式之中，教师需要对于学生整体接纳指示的程度和水平进行客观的评价，并针对每个学生的不同情况进行辅导。在"互联网＋"背景下，教师可以依靠微信私聊、朋友圈或者公众号进行有效的评价或者辅导工作。比如如果大部分同学上交的作业中都出现了类似的错误，就可以在朋友圈或者公众号进行统一解答，不占用课堂的宝贵时间，还能有效提升学生们的反思意识。除此之外，教师针对比较特殊的问题可以对学生进行一对一的辅导工作，引导学生发现自身问题并予以改正。这样的辅导以及评价相较于以往更加及时，也更加全面。

以人教版小学数学五年级下册"长方体和正方体"的数字为例，教师可以直接发布公众号，投票显示学生最关注的是体积计算还是表面积计算的问题，并且针对投票结果对学生的学习薄弱环节进行讲解，帮助学生有针对性地提高。

4.借助教学类 App 增强小学生的计算兴趣

在当前信息技术不断发展的当下，各种教学类 App 层出不穷。对于数学学科来说，也有非常实用的一些 App。例如《天天练》《作业盒子小学》《斑马速算》《数学加》等。合理应用这些 App 能够在增强小学生计算兴趣方面起到极大的作用。提到对计算能力的锻炼，很多人会觉得这是需要不断练习的。好的 App 设计让学生更愿意主动练习,此时学生的思维也比较活跃,练习效率会更好。例如在《口算达人》中,初始界面会显示多个项目类别,有加法运算、减法运算、乘法运算、除法运算。学生可以根据自己需要练习的类别进行选择。每次练习有 20 道题,每一道题都会给 20 秒的思考时间,答对即可进入下一题。题目是随机出现的,既有"5+7"这种一位数相加的,也有"15+17"这种两位数相加的,但总体来说都在小学生可接受的范围内。而且学生的成绩是可以记录的,App 界面的颜色、设计等也比较符合小学生的心理发展特点,能有效吸引学生的眼球。在这样的练习中,学生会越来越发现计算是一件非常美妙的事,从而提升计算兴趣和能力。

5.借助教学类 App,锻炼小学生的数学计算思维

计算能力的提升,本质上还是计算思维的培养以及发展,因为这一内容并不像九九乘法口诀表,仅靠记忆就能得到正确答案。计算是没有办法用记忆的方法实现的,数字的排列组合有多种,因此在计算能力的锻炼中,重要的是帮助学生培养计算的思维能力。与此相关的教学类 App 也非常多,比如《数独》《数学平衡》《小学趣味数学》等,都是很好的锻炼学生计算能力的 App,以《数学平衡》为例,初始界面会出现一个动画小人,他需要走平衡木才能到达指定的地点,平衡木一端会有一个或两个箱子,这使得平衡木是倾斜的,因此学生需要依据平衡木一端的箱子数量,在另一端挂上相同数量的箱子才能使平衡木保持平衡,这是初级阶段的要求。之后的关卡就会涉及计算,例如一边的箱子上是数字 7,那么另一端要么需要一个写着数字 7 的箱子,要么选择数个加和为 7 的箱子。这样的 App 能实现对学生数学思维的动态锻炼,可以将这些 App 进行整合,成为辅助教学资源。

随着信息技术的不断发展,小学数学教师也需要与时俱进,不断充实自我,在教学改革和"互联网+"背景下不断地提出更高的要求,在提升自身职业素养的同时注意吸纳新的知识和技术,接触更多的高效、新颖的信息技术,从而保证教学模式不断推陈出新,为教育学生提供更多有效的方法。在进行教学类 App 的选择时,需要从学生的学习特点和学习习惯入手,再结合具体的教学内容引导学生正确使用这些 App,这样才能让其更好地发挥效果。

第四章

多彩：

双线融合课堂与校本课程建设

　　"双减"除了"减"，还要"增"：增效、提质，构建更高水平的育人体系。"双减"政策落地以来，演武小学认真解读上级相关政策文件，对"养正开新"校本课程体系进行革新，推出"校本课程2.0"大礼包，丰富课程内容与形式，强化师资与课程软硬件，"线上""线下"双线融合，全面助力学生的德智体美劳全面发展，让多彩课程"嗨"翻校园。

"养正开新"校本课程体系

一、"养正开新"校本课程建设

（一）丰富内容，完善课程体系

演武小学本着"养正开新"的育人目标，积极地构建以核心素养为基础的课程体系。根据美国发展心理学家霍华德·加德纳博士提出的多元智能理论，我们倡导个性化的课程观，即每个学生学习的课程应该根据各自的智能差异而有所不同。为此，演武小学"校本课程2.0"的课程体系分为三大类、六大领域（图4-1-1）。三大类分别为"基础类""拓展类""个性发展类"，差异化的课程为不同层次的孩子提供不同的发展机遇，因材施教，多元培养，全面发展。六大领域则为生活与实践、体育与健康、文学与鉴赏、思维与发展、科技与创新、艺术与审美，丰富的课程体系是实现教育多样化的重要途径。

1.生活与实践

"神奇的大自然"课程引导孩子们探索和了解大自然的奥秘，感受大自然的神奇和魅力。还有"善言"小主播课、"正思"小记者团、"慧心"家长讲坛、"立行"探究小组等，带着学生深入生活，在实践中成长，在磨砺中绽放。（图4-1-2、图4-1-3）

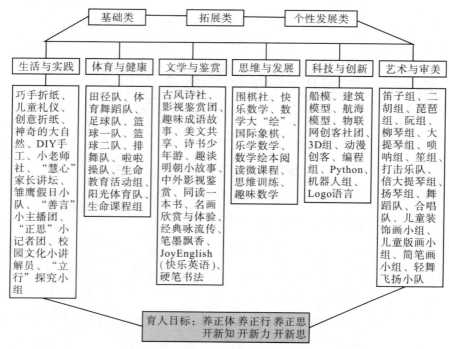

图 4-1-1　厦门市演武小学"养正开新"校本课程体系

图 4-1-2　"慧心"家长讲坛
——如何做好个人卫生

图 4-1-3　"神奇的大自然"课程活动

2.体育与健康

"体育与健康"系列课程广受学生欢迎。体育活动既能强身健体又能培养一技之长,何乐而不为?演武小学"校本课程 2.0"中,除了传统的篮球、足球、田径、体育舞蹈、排舞、啦啦操课以外,还引进了厦大的师资,增设了"跳绳毽球课""跆拳道课"等项目,让更多的孩子投入运动中来(图 4-1-4、图 4-1-5)。

图 4-1-4 "篮球"课程活动　　　　图 4-1-5 "啦啦操"课程活动

关注心理健康,培养阳光少年也是我们一直以来的教育目标。学校增设"阳光心理课""快乐心理课""爱心课程"等(图 4-1-6、图 4-1-7),充分发挥心理健康教育的预防作用,让学生心灵沐浴阳光。

图 4-1-6"阳光心理"课程活动　　　　图 4-1-7"快乐心理"课程活动

3.文学与鉴赏

在"闽南之声"课上,学生用闽南语和老师互相问好,浓浓的家乡气息扑面而来(图 4-1-8)。"鼓浪文学"课的老师来自厦大"鼓浪文学社"——这可是厦门大学的元老级社团。

"辩论"课上孩子们唇枪舌剑,火光四射,"语言"成了他们最厉害的武器。

"书法"课中学生妙笔生花,俨然一副大师模样(图 4-1-9)。

"诗书少年游"课带着孩子读懂诗人,品味诗词,写最美中国字……

图 4-1-8 "闽南之声"课程活动　　图 4-1-9 "妙笔生花"课程活动

4.思维与发展

走进"数独俱乐部",3 阶？4 阶？全部难不倒我们的小智囊团;"汉诺塔"大比拼开始了,比的是思维、拼的是手速! 低年级的"七巧板乐园"有趣、益智,只有你想不到的,没有我拼不了的! 还有"24 点直通车""围棋""国际象棋""好玩的数学"等课程,都让你沉浸其中,乐不思蜀(图 4-1-10 至图 4-1-13)。

图 4-1-10 "24 点直通车"课程活动

图 4-1-11 "汉诺塔"课程活动

图 4-1-12 "七巧板乐园"课程活动

图 4-1-13 "数独俱乐部"课程活动

5.科技与创新

炙手可热的创客无疑是"互联网＋"背景下,教育界乃至社会各界的研究热点之一。演武小学的创客系列课程内含八大项目:人工智能、无人机、Python 编程、图形化编程、动漫创客、3D、物联网、Logo 语言(图 4-1-14、图4-1-15)。在厦大信息学院教师和演武小学教师 1＋1 的指导下,孩子们提升了创新思维能力、解决问题能力。两年来,在国家、省、市、区各级科技类赛事中,演武创客团队获奖达 393 人次。

图 4-1-14 "人工智能"课程活动　　　　图 4-1-15 "无人机"课程活动

　　模型课也是深受学生喜爱的课程之一,航海模型(图 4-1-16)、建筑模型(图 4-1-17)、遥控类模型,培养了学生的空间理解和想象能力,突破了传统的"纸上谈兵",使学生的动手操作能力在课堂中得到了提高。

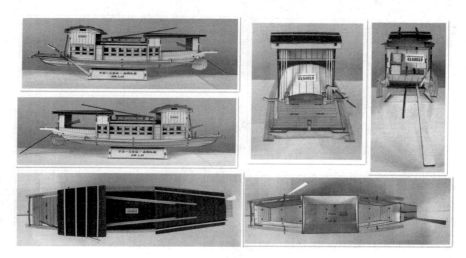

图 4-1-16 "航海模型"课程作品

图 4-1-17 "建筑模型"课程作品

6.艺术与审美

铿锵的节奏,昂扬的豪情,优美的旋律……又到了演武小学合唱社团的活动时间,朝气蓬勃的孩子们用天使般的歌喉尽情展示着他们的欢乐与激情。

走进管乐、民乐室,听乐团的孩子们奏上一曲,许能碰上未来的大提琴家、二胡艺术家……这些小乐手们曾获得"福建省六艺展演器乐类"一等奖,演武小学民乐团更是荣获了"厦门市中小学示范性高水平乐团"的称号(图4-1-18)。

图 4-1-18 "民乐"课程活动

舞蹈课上,旋转、跳跃,轻盈的舞步、曼妙的舞姿,赏心悦目极了。

还有,儿童画、儿童版画、儿童装饰画、简笔画,孩子们妙笔生花,在艺术殿堂中遨游(图 4-1-19)。

图 4-1-19 "绘画"课程活动

（二）建设场地，优化育人环境

"工欲善其事，必先利其器。""校本课程2.0"在活动场地上下足了功夫，学校统筹规划、调整、优化资源，积极筹措资金，加大硬件投入，为课程活动开展提供了更好的场地、更优越的环境。

学校成立"演武养正创客中心"（图4-1-20、图4-1-21），拿出整整两层楼倾力打造人工智能教育新天地，五间实验室分别为"开新""开智""开思""开航""中国芯"，创客中心的成立为学校创客系列课程提供了优越的育人环境。创客中心在建设过程中也得到了市、区领导和同行的关心和支持（图4-1-22）。

图4-1-20　"人工智能"教室　　　　图4-1-21　"创客中心"教室

图4-1-22　市、区领导和同行参观创客中心

演武小学大学路新校区扩建项目中,200米环形跑道(图4-1-23)和标准的足球场,俨然成为孩子们心中最向往的那片天地。这个孩子们口中的"微胖"操场,是孩子们心中的七彩乐园,为我们的阳光体育课程提供了完美的活动场地(图4-1-24)。

图4-1-23　大学路校区彩虹跑道　　　图4-1-24　大学路校区"微胖"操场

除此之外,书法教室、棋类活动室、舞蹈室、美术室、民乐室等也不断进行整修、完善,以适应课程的需要。学校艺术类的课程多,场地不够,学校就打通教室,增设"艺术活动中心"。跆拳道课对场地要求高,普通教室不合适,那就对教室进行改建,铺设地垫,做好课程的安全防护工作。

二、"养正开新"校本课程实施路径

(一)厦大资源进课程,联盟创特色

演武小学又称"厦门大学附属演武小学",与厦门大学常年手拉手,建立了良好的共建合作关系。毗邻厦门大学的演武小学有着得天独厚的地理优势,来自厦大的教授、名师、优秀学生都是演武小学"校本课程2.0"的师资来源(图4-1-25)。

图 4-1-25 厦门大学—演武小学校本课程项目团队

演武小学"创客"系列课程以一名厦门大学信息学院教师＋一名演武小学教师的"1＋1"模式展开，并引入各项目专业公司参与，通过院校企联盟，共同叩响人工智能教育的大门，取得了突出的成绩。

今年，演武小学还大胆地尝试了"大手拉小手，社团抱团走"的模式，十几个厦门大学社团优秀学生走进演武小学，为演武小学的孩子们带来了武术课、跆拳道课、跳绳毽球课、数独课（图 4-1-26）、法制课、鼓浪文学课等十余门课程，"小"孩子在"大"孩子的指导下，在学校老师的协助管理下，开心、开智！

（二）宫校合作进课程，携手创品牌

思明区青少年宫也为演武小学的素养课程输送了很多专业教师，"宫校合作"的模式打造了"合力共赢"的局面，如模型系列课程中的航海模型课、建筑模型课、遥控类模型课（图 4-1-27），又如民乐系列课程中的二胡、大提琴、扬琴、笛子等 11 类器乐课（图 4-1-28），都是区青少年宫为演武小学提供的师资。

图 4-1-26　厦门大学数独团队进我校授课

图 4-1-27　思明区青少年宫模型老师进我校授课

图 4-1-28　思明区青少年宫民乐老师进我校授课

（三）家长讲坛进课程，合力促共赢

演武小学的"慧心家长讲坛"更是师资雄厚，爸爸妈妈们走进课堂带来丰富多彩的主题分享，有"警察爸爸"给孩子们讲 110 的故事；有来自海洋三所的爸爸带来活体海洋生物，带领孩子们了解海洋世界；有开蛋糕店的妈妈教孩子们制作蛋糕；有在海关工作的妈妈为我们普及"透过配方识饮料"的方法；还有厦门大学的教授爷爷为我们讲党史……爸爸妈妈、爷爷奶奶的课程有趣、有味、有温暖，还有智慧。据统计，过去一年来演武小学开展的"慧心家长讲坛"已近 200 场。（图 4-1-29 至图 4-1-31）

图 4-1-29　来自海洋三所的家长带学生了解海洋世界

图 4-1-30　医生妈妈为学生讲解急救知识

图 4-1-31　来自厦门大学的家长为学生介绍"未来机器人"

（四）公益机构进课程，专业助成长

演武小学作为"思明区资源教室基地校"，十分重视为学生营造融合教育的校园氛围。学校长期邀请厦门市"小蜗牛"志愿者团队，入校给二、三年级学生开展每周一次的生命教育课程。学生们在课堂中从多个维度了解生命，并学会接纳自己、肯定自己。同时，也学会了尊重身边的特殊人群，理解与支持他们。特需儿童在课堂中也多了一份对自己的认可，对外界的接纳。通过开展"错袜日"活动、关爱自闭症活动、"不一样，也很好"活动、"让爱来，让碍走"活动，为学生创造一个平等、包容和多元化的学习环境。

（五）本校老师进课程，资源巧利用

演武小学充分发挥本校教师特长，打造精品特色社团，根据每位老师的专长安排相应的社团活动内容。如数学老师的"思维训练""数学大绘"，语文老师的"笔墨飘香""古风诗社"，英语老师的"英语趣配音"，心理健康老师的"生命教育"等，每一位老师都立足自己教授的学科，挖掘课程资源，拓展社团内容，不仅老师们各尽所能、各显其才，学生也有了更多扩展视野、提升能力的渠道和空间。

三、双线融合的社团课程管理

（一）社团课程设置

为进一步丰富学生的校园文化生活，办人民满意的教育，培养全面发展的学生，给更多的孩子提供发现自我、展现自我的平台和环境，我校基于"学校特色、教师特长、学生特点"，大力推进学校各类社团课程建设，通过丰富多彩的社团活动来拓展学生实践空间。

1.课程活动目标明确

演武小学围绕"把社团活动打造成为学生热爱学习、获取知识、发展能力和提升教育质量的新的增长点"这一总目标开设多元化的社团课程。学校旨在通过社团课程帮助学生培养兴趣爱好，发展个性特长，提高自主学习、自我完善的能力；拓展学生的知识领域，培养学生的创新精神，提高学生的动手实践能力；培养学生的团队合作意识，提高学生的思想品德修养和审美能力；增强学生身体素质，使学生热爱生活，增强社会适应能力。此外，每位社团负责老师为社团拟定了合适的目标，教学时能根据学生兴趣爱好，因材施教，努力激发学生潜能，张扬个性特长，让每一个学生都有一技之长。

2.课程活动内容丰富

演武小学共开设了近 70 个社团课程，含 33 个校级社团和 35 个年段小社团（表 4-1-1）。校级社团针对全校学生开设，主要由技能学科老师负责，

内容涉及体育、音乐、科学、信息、综合实践等学科领域,旨在培养各学科领域的骨干力量;年段小社团,面向各自年段招收学生,主要由语数老师负责,旨在培养学生兴趣爱好和实践能力,发展学生个性特长。社团内容涉及学科素养类、艺术体育类、生活技能类等各方面。学校社团活动内容不仅覆盖面广,还极具特色,贴近每个年级学生的年龄特点。如"创客社团"秉着"创客时代,与未来同行"的理念,开展了"无人机"社团、"编程"社团、"机器人"社团、"Python"社团等,着力培养学生的创意思维、科技认知和团队协作、分享精神等,与当下的热点接轨。低年级的"七巧板乐园""跳绳达人""生命教育"等社团符合低年级学生年龄特点,富有趣味性。高年级的"遇见苏轼""花样跳绳""数学风暴"等社团颇受学生欢迎,符合其年龄特点和认知水平。

表 4-1-1　厦门市演武小学社团一览表

校级社团课程		年段社团课程	
主要面向年级	社团课程名称	开课年级	社团课程名称
四至六年级	Python 编程	一年级	闽南语社
三至六年级	动漫社团	一年级	趣味数学
一至六年级	田径兼定向	一年级	外文协会
三至六年级	3D	一年级	凤凰花社
一至六年级	闽南语	一年级	围棋社团
一至六年级	足球	一年级	跳神达人
四至六年级	合唱	一年级	合唱基础社
四至五年级	红领巾小记者社团	二年级	播音社
二至六年级	篮球队	二年级	七巧板乐团
三至六年级	Logo 乐团	二年级	生命教育
二至五年级	跆拳道	二年级	体育舞蹈
一至六年级	民乐	二年级	数独直通车
一至六年级	舞蹈	二年级	西部梦想
二至六年级	建筑模型	三年级	妙笔生花
二至六年级	航海模型	三年级	数学俱乐部
二至六年级	智能小车	三年级	排舞社团

续表

校级社团课程		年段社团课程	
二至六年级	跳绳	三年级	爱心社团
五年级	装饰画	三年级	数独达人
四年级	动漫画	三年级	阳光心理
三年级	国画	四年级	遇见苏轼
二年级	儿童画	四年级	数学达人
二至六年级	女子篮球	四年级	一起练字吧
二至四年级	图形化编程	四年级	朗诵社团
三至六年级	无人机	四年级	探游中国
二至五年级	排舞	五年级	24 点直通车
二至四年级	朗诵团	五年级	名篇欣赏
二至六年级	物联网	五年级	花样跳绳
一至六年级	围棋	五年级	见字如面
一至六年级	中国象棋	五年级	巧手慧心社
一至六年级	国际象棋	五年级	"纸"境社团
一至六年级	体育舞蹈	六年级	诗词欣赏
一至二年级	网球	六年级	影视欣赏
一至六年级	管乐	六年级	小小朗读者
		六年级	数学风暴
		六年级	英语趣配音

3.社团课程管理规范

为确保社团课程的正常开展，我们逐步规范社团的管理。校级社团以学生报名和老师选拔相结合的方式纳新，年段小社团则主要由学生自主报名。每个学生都可以根据自己的特长、兴趣，自主选择心仪的社团。在日常的社团教学管理中，我们要求每个社团要有社团活动计划、进度安排、总结，以及社团活动内容记录，努力提高每一节社团课的效率。

（二）线上选课平台

演武小学的社团课程以学生自主选择为主。由于我校社团种类繁多，在校生人数超 2000 人，通过传统的纸上方式选课，既浪费大量人力物力，又浪费时间，家长、学生的协调也很烦琐，同时在人为的统计过程中容易出现错误。为此，学校研发了线上选课系统，为学生提供方便的选课功能，提高了学校教学管理的效率。

演武小学线上选课平台有两大主要功能：一是学生自主选课功能，二是学校管理功能。

1.学生自主选课功能

学校在期初为学生提供选课路径，学生通过扫码或登录网址进入选课平台（图 4-1-32），选择自己所在年段和班级后，系统会自动显示该年段可选修的社团课程，有效避免了学生在选课时误选其他年级课程。学生勾选自己感兴趣的课程后，可以看到该社团的课程简介，同时系统会实时统计该社团"已报名人数"和"剩余名额"，避免了一些热门社团课程人数爆满导致学生需二次选课的问题，更好地做到了各社团人数的均衡把控。

图 4-1-32　线上选课平台

线上选课与传统的选课方式相比更加节约资源。同时，随着学生选课自主权的增加，教学管理更加透明。

2.学校管理功能

线上选课平台以科学的管理方法为基础,结合学校管理特点,开发学校管理员的管理功能,实现了实时多维度的选课结果、人数等数据统计,为教育教学、管理提供数据支撑。在平台上,管理员可以实时查看学生选课的结果(图 4-1-33)、学生选课明细(图 4-1-34)、社团报名人数统计(图 4-1-35),并支持导出相应的数据。

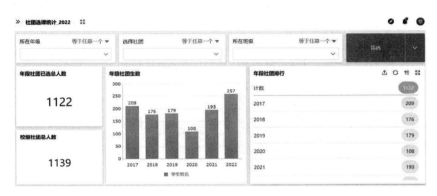

图 4-1-33　线上选课结果

社团选课统计_2022

学生选课明细

学年学期	所在年级	所在班级	学生姓名	选择社团
2022-2023学年第一学期	2021	二年1班	高*	数独直通车
2022-2023学年第一学期	2021	二年1班	苏*和	数独直通车
2022-2023学年第一学期	2021	二年1班	朱*力	七巧板乐园
2022-2023学年第一学期	2021	二年1班	甘*宸	数独直通车
2022-2023学年第一学期	2021	二年1班	廖*毅	体育舞蹈
2022-2023学年第一学期	2021	二年1班	陈*骞	七巧板乐园
2022-2023学年第一学期	2021	二年1班	陈*轩	生命教育
2022-2023学年第一学期	2021	二年1班	蔡*玮	七巧板乐园

20条/页　　共1122条

图 4-1-34　线上学生选课明细

社团报名人数统计

开课年级 ⬍	社团名称 ⬍	社团教师	可报人数 ⬍	已报人数 ⬍	剩余人数 ⬆
2022	合唱基础社	黄永鑫	35	35	0
2018	24点直通车	蔡灵灵, 张雅婷	35	35	0
2018	"纸"境社团	谢威, 郑淑妹	35	35	0
2022	跳绳达人	罗娟	25	25	0

▭ 50条/页 ∨ 共32条

图 4-1-35 线上社团报名人数统计

线上选课平台为学生和学校提供了便利,使得选课和统计等相关操作更加智能化和规范化。不仅提高了学生的选课效率和满意度,同时方便了教师管理课程和学生信息,提高了教学质量。

（三）线上管理机制

1.线上签到提高实效

社团课程作为学校课后服务的主要内容,有效且高效的管理机制显得尤为重要。为了更好地对社团授课教师进行考勤,保障课后服务工作有序开展,演武小学采用了线上签到的方式,确保教师准时到岗。演武小学的线上签到平台(图 4-1-36),能实时记录老师签到的时间,统计老师签到的课时总数,方便管理人员查看每日各岗位的教师出勤情况。其优势体现在方便快捷、实时性强、数据准确等方面,大大提高了社团课程管理的效率。

(1)方便快捷。

线上签到功能使轮值教师通过手机扫描二维码实现直接签到,无须使用纸质签到表,省去了填写表格、分发和收集表格等烦琐步骤,提高了签到速度和效率。

(2)实时性强。

线上签到的信息可以实时上传到服务器,管理人员可以随时查看签到情况,发现缺岗及时处理,保障社团课程有序开展。

图 4-1-36　线上签到平台

（3）数据准确。

线上签到可以避免因为数据丢失或者漏填等问题导致签到信息不准确的情况，签到信息被直接上传到服务器，可以确保签到数据的准确性，使管理者更加方便地统计数据。

2.线上反馈优化管理

为了提高社团课程的教育教学质量，演武小学制定了"课后服务巡查制度"，制度要求全体行政人员轮流对每日的社团课程开展情况进行巡视。巡视内容包括各班是否有空岗、缺岗现象，社团课程内容是否丰富，形式是否多样，社团学生离校秩序是否良好等。轮值行政在每日巡查后在线上撰写"巡查反馈"（图 4-1-37），记录当天课程开展的亮点与不足，同时推送到钉钉教师群供老师查阅。通过反馈及时整改不足，以提高社团课程质量。

 卢馨的演武小学延时服务管理巡查反馈
04.17 17:57 添加到

日期：
2023-04-17

星期：
1

周次：
11

校区：
大学路校区

巡查管理值班人员：
王志勤 卢馨

延时服务活动开展情况：
本周各社团均有效开展，许多年段社团在为制作展板做前期准备，有阶段性颁奖，学生汇报成果，英语趣配音，学生竞赛，朗诵展演等；校级社团活动也丰富多彩，小记者社团分组下到各社团进行实地采访，进行社团联动，精彩纷呈；合唱社团排练认真，为比赛做足准备；美术社团和绘小圈合作指导孩子们制作校园文创产品。

图片：

延时服务活动离校秩序：
各社团能有序离校，瑶瑶、丽梅老师所带队伍最为整齐有序

图片：

图 4-1-37　线上巡视反馈平台

"双减"背景下，我们要力争将校本课程开展得高效、有趣，让学生们都能够各展所长，不仅学得乐，还能玩得嗨！通过"校本课程2.0"，实现核心素养和知识能力"双升"，学生和学校"双赢"。

| 第二节 |

演武养正创客中心建设

一、创客中心建设缘起

（一）建设目标

演武小学为贯彻落实国家《新一代人工智能发展规划》、教育部《教育信息化2.0行动计划》和《厦门教育信息化2.0行动计划》等文件精神，深化教师全学科融合改革力度，提升学生科技素养水平，建设教育信息化先进校与创客教育特色校，服务于学校有志于科技发展的学生群体，2020年12月，正式成立演武养正创客中心。

（二）功能定位

演武养正创客中心是学校推动STEAM课程、创客教育课程的主要阵地，一方面作为科技社团（3D、动漫、手工、机器人、无人机）每周开展社团活动的教学场所，另一方面作为学生在社团课以外其他时间开展自主实践、解决问题的活动场所，同时以此打造全学科融合的教师团队。演武养正创客中心是以学生为中心，融合科学、技术、工程、音乐、美术、数学、语文等多学科知识的新型学习环境；学生利用各实验室中的情境、工具或资源相互协同，发现问题、分析问题、寻找解决方案、分享创作成果，培养自己的批判性思维、创新思维与问题解决能力。

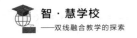

（三）建设原则

1.以人为本原则

演武养正创客中心的建设遵循以学生为中心的原则,坚持立德树人原则,坚持全学科融合,坚持培养具备核心素养并能适应社会的人。

2.系统性原则

演武养正创客中心的建设,不是孤立地思考学校中的某个社团,而是将创客教育引入学校顶层设计中,把创客文化与学校的养正开新理念进行深度对接,并遵循立德树人为先的育人理念,将科技类社团进行整合重组,统一纳新、统一调度、统一管理。

学生从二、三年级进入创客中心,从一株幼苗经过图形化编程训练后再经过其他创客类社团洗礼,到六年级退出创客中心,具备了全面的科技素养,由此为中学输送优质科技型人才,探索建立创新人才早期培育的新途径、新模式、新机制。

3.开放性原则

实验室要打破传统学习空间的固化性和封闭性,硬件设施根据实验室功能及所开展学习活动的需求进行灵活的调整移动、变换组合等,尽量减少学习环境对学习活动的限制;实验室资源对每一个社团学生平等开放,学生可以利用实验室内丰富的数字资源和各种工具器材进行学习研究;实验室支持下的学习过程是开放的,学生之间就感兴趣的问题进行讨论,向社会分享观点和资源。

4.安全性原则

安全是实验室建设的直接目的,实验室内配套的设施设备都应考虑学生使用的安全性,不能有安全隐患。建设中一切不利安全的设计都应取缔,一切与师生安全有冲突的参数设计都应服从安全的要求。例如:所有通往工具、出口、安全设备的通道是畅通的,有足够的通风、照明条件,配套有安全防护用具、急救包、灭火器等。

二、创客中心命名规划

创客中心位于大学路校区旧楼五、六两个楼层，下设开新实验室、开智实验室、开航实验室、开思实验室、中国芯实验室五个实验室。

（一）实验室命名及功能

1.开智实验室

开智实验室主要承担人工智能物联网相关课程，教室主色调为黄色，象征"养正开智，智慧之光"。周一（周五）作为物联网社团上课场所；周二至周四面向创客社团所有成员开放。

2.开新实验室

开新实验室主要承担 3D、动漫、VR 相关课程，教室主色调为橙色，象征"活力四射，创意无限"。周一（周五）提供给 3D 社团作为上课场所；周二至周四面向创客社团所有成员开放。

3.开航实验室

开航实验室主要承担无人机等课程，教室主色调为蓝色，象征"养正开航，蓝天翱翔"，周一（周五）提供给无人机创客社团作为上课场所；周二至周四面向创客社团所有成员开放。

4.开思实验室

开思实验室主要承担罗博机器人等课程，教室主色调为绿色，象征"清新、健康、希望"。周一（周五）提供给机器人创客社团作为上课场所；周二至周四面向创客社团所有成员开放。

5.中国芯实验室

中国芯实验室主要承担龙芯、海思、麦极等课程，教室主色调为红色，象征"国家情怀，赤子之心"。周一（周五）提供给手工创客社团作为上课场所；周二至周四面向创客社团所有成员开放。

创客中心及实验室命名是落实立德树人根本任务，融合国家新兴科技领域，秉承演武养正开新文化理念，对标创客精神与功能室培养目标的综合体现。

创客中心整体颜色以彩虹七色(红、橙、黄、绿、青、蓝、紫)为主体进行设计,以创意成长树来体现演武养正创客中心下属八个社团学生的学习足迹。颜色意义如下:

红色:热情、活泼、张扬,容易鼓舞勇气,东方则代表吉祥、乐观、喜庆之意,红色也有警示的意思。

橙色:时尚、青春、动感,让人感觉活力四射。

蓝色:宁静、自由、清新。在中国,海军的服装就是海蓝色的。浅蓝色代表天真、纯洁。同时蓝色也代表沉稳、安定与和平。

绿色:清新、健康、希望,是生命的象征,代表安全、平静、舒适之感。

黄色:代表灿烂、辉煌,有着太阳般的光辉,象征着照亮黑暗的智慧之光。它是骄傲的色彩。

紫色:神秘、高贵、优雅,有愉快之感,也代表着非凡的地位。一般人喜欢淡紫色。

(二)创客中心整体设计

演武养正创客中心第一期基础装修整体颜色以彩虹七色为主进行设计,四楼开始楼梯墙装饰。

演武养正创客中心入口处以创意树图,展示演武养正创客中心下属八个社团(图形化编程社团、物联网社团、动漫社团、3D社团、Python编程社团、智能小车社团、无人机社团、Logo编程社团)学生学习的成长树。创客中心成长树初稿与最终完成效果图见图4-2-1。

图 4-2-1 创客中心成长树初稿与最终效果图

三、创客中心师资配置

师资配备方面，创客中心师资由信息中心选定，由教务处牵头统一安排，信息组（4人）、科学组（2人）、语文（1人）、数学（1人）、美术（1人）教师联合成立创客中心教研组，负责创客中心下属八个社团课程教学。学校还依托厦大资源，聘请厦大家长老师、厦大学生志愿者进校辅导学生；同时，学校也邀请第三方培训机构参与，共同助力学生科技素养提升。创客中心师资配置安排见图4-2-2。目前随着国家减负政策的落地，学校还在二年级延时时段试点全面铺开图形化编程普及教育，相信对学校未来的创客教育会带来积极的影响。

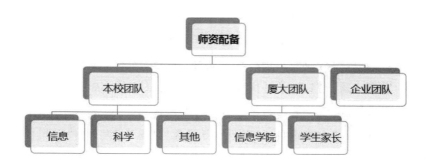

图 4-2-2　创客中心师资配置安排

（一）成立创客教育领导小组

由王志勤校长主管创客教育工作领导小组，庄少芸、陈华宾两位执行分管领导，林陈沐为创客中心负责人，饶洁为创客中心教研组负责人，定期召开会议研究学校创客教育工作。

（二）成立创客中心教研组

教务处、信息组，科学、美术、音乐、语文、数学等学科部分老师联合成立创客中心教研组，负责创客中心五个实验室——开新实验室、开智实验室、开航实验室、开思实验室、中国芯实验室下属八个创客类社团日常教研、课

程开发、教学研讨、竞赛推进等的团队协作。

四、八大社团精彩纷呈

创客中心下设八个创客类社团：Logo 编程社团、图形化编程社团、Python 编程社团、物联网社团、动漫社团、3D 社团、智能小车社团、无人机社团。

（一）Logo 语言社团——冲浪代码海，编程世界真精彩！

Logo 语言是由美国麻省理工学院人工智能实验室专为青少年设计的计算机语言，是一种结构化程序设计语言。Logo 语言可以培养学生严密的计算思维，使学生拥有有趣的学习体验。它具有三部分功能：(1)编辑功能，可以进行命令与过程的编辑；(2)绘图功能；(3)字表处理与数值处理功能。Logo 语言社团的孩子们勤思考、爱动脑，一张张稚嫩的小脸上，目光如炬，焕发出智慧的光芒，一串串代码从指尖跃入屏幕，他们自信满满，沉着冷静，积极应对挑战，宛若他们不是在编写难懂、深奥的程序，而是在键盘上弹奏美妙的乐章。孩子们，你们是优秀的，学校以你们为荣，希望你们在美丽的演武校园这片沃土上，策马扬鞭、绘就蓝图！

社团口号：书山有路"代码"为径，学海无涯"电脑"为舟（代码同行，智慧超群）。

Logo 语言社团历年获奖情况见表 4-2-1。

表 4-2-1　Logo 语言社团近五年获奖情况统计

单位：人

年份	获奖总人数	一等奖	二等奖	三等奖
2017	9	3	3	3
2018	12	1	3	8
2019	9	3	4	2
2020	14	5	9	0
2021	13	5	5	3
2022	13	5	5	3

（二）Python 编程社团

Python 编程社团，旨在发展学生的信息素养，在锻炼编程思维与技能的同时，提高学生的逻辑能力、表达能力、创新能力。学生们在代码中寻找规则与创意间美的碰撞，在解决生活实际问题中探寻编程的乐趣。

社团口号：码上世界，编创未来。

Python 编程社团近两年获奖情况见表 4-2-2。

表 4-2-2　Python 语言社团近五年获奖情况统计

比赛名称	一等奖	二等奖	三等奖
2022 厦门市学生信息素养提升实践活动	—	—	沙宇暄
2023 厦门市学生信息素养提升实践活动	—	—	刘宇辰
2022 年 NOC	—	—	吴其宥
	—	—	陈子墨
	—	—	陈凯文
第四届厦门市创客大赛	—	曹林凝	郭哲韬
	—	陈凯文	何城林
	—	陈思睿	张家齐
	—	陈颖洁	—
	—	沙宇暄	—

（三）图形化编程创客社团

图形化编程创客社团秉承锻炼学生创造力和计算思维能力，采用图形化编程软件 scratch 将 STEAM 教育融入课堂，学生只需要拖动编程积木块就可以进行指令编程。每节课的项目与实际生活相联系，通过亲手创作学习、科技、生活等主题动画培养信息素养，进一步加深学生对编程知识的理解与应用。

社团口号：趣味创意，敲出精彩，程就未来。

图形化编程创客社团近两年获奖情况见表 4-2-3 至表 4-2-8。

表 4-2-3　2021 年度厦门市中小学信息素养提升实践活动——创意编程

组别	获奖者	奖项
小学组	吴其宥	一等奖

表 4-2-4　2022 年度厦门市中小学信息素养提升实践活动——创意编程

组别	获奖者	奖项
小学组	吴其宥	三等奖

表 4-2-5　2021 年第二届福建省青少年创意编程与智能设计比赛

组别	获奖者	奖项
小学Ⅱ组	黄昊翔	一等奖
小学Ⅱ组	吴其宥	二等奖
小学Ⅰ组	彭莫凡	三等奖
小学Ⅰ组	武筠萱	三等奖

表 4-2-6　2021—2022 学年第二届少年硅谷——全国青少年人工智能
教育成果展示大赛——智绘生活编程科创赛

组别	获奖者	奖项
小学 A 组	陈梓玉	一等奖
小学 A 组	何岱锦	一等奖
小学 A 组	杨嘉彧	二等奖

表 4-2-7　第四届厦门市中小学创客大赛——编程创客项目

组别	获奖者	奖项
小学 A 组	陈禹霏	三等奖
小学 A 组	黄昊翔	三等奖
小学 A 组	吴其宥	二等奖
小学 A 组	杨文韬	三等奖

表 4-2-8　第五届厦门市中小学创客大赛——编程创客项目

组别	获奖者	奖项
小学 A 组	杨文韬	二等奖
小学 A 组	彭莫凡	三等奖
小学 A 组	何岱锦	三等奖

（四）物联网创客社团

物联网创客是以物联网科技为载体，以培养学生观察力、想象力、表达力等学习能力为核心的综合实践活动课程，是一项综合多种学科知识和技能解决实际问题，创造新事物、新方法的青少年科技活动。孩子们通过计算机编程、工程设计、动手制作与技术构建，学习万物物联，发挥创意实现奇思妙想。结合日常观察、积累，孩子们自主寻求最完美的解决方案，发展自己的创造力。演武小学自 2018 年始组建了学校物联网社团以来，就聘请厦门大学电子科学与技术学院实验中心的陈华宾教授为社团顾问。学生们通过日常的认真学习训练，积极参与市、省、国家级比赛，有上百人次在省市级比赛中获奖。

社团口号：万物互联，从芯出发。

物联网创客社团近两年获奖情况见表 4-2-9、表 4-2-10。

表 4-2-9　第五届厦门市中小学创客大赛——物联网创客项目

组别	获奖者		奖项
小学 A 组	李嘉牧	丁占诗涌	一等奖
小学 B 组	沈若晨	孙司翰	一等奖
小学 B 组	高至简	曹林凝	一等奖
小学 B 组	李昕宸	郭美驿	二等奖
小学 B 组	杨淏茗	陈一杨	二等奖
小学 B 组	陈昶涵	陈牧远	二等奖
小学 A 组	沈子博	杨皓成	三等奖

表 4-2-10　第四届厦门市中小学创客大赛——物联网创客项目

组别	获奖者		奖项
小学 A 组	李梓通	苏嘉豪	二等奖
小学 B 组	沈若晨	—	二等奖
小学 B 组	陈昶涵	陈牧远	二等奖
小学 A 组	陈翰翼		三等奖
小学 B 组	黄心弘	刘振浩	三等奖

（五）智能小车社团

智能小车社团,是"人工智能"在自动驾驶和环保材料领域的最新应用。本社团主要培养学生的编程思维和动手能力,通过理论和实践两方面进行积累和实战,能有效提升学生的信息技术综合素养。

社团口号:人工智能改变世界,智慧驾驶引领潮流。

智能小车社团历年获奖情况见表 4-2-11。

表 4-2-11　第五届厦门市中小学创客大赛——智能小车创客项目

组别	获奖者		奖项
小学 A 组	邱艺航	蒋羿熙	一等奖
小学 A 组	王奕超	邵杰	一等奖
小学 B 组	孙宇恺	杨恪	一等奖
小学 B 组	郑享航	陈沈欣	一等奖
小学 B 组	许洲铭	杨恪	二等奖
小学 A 组	陈奕鑫	邱楚洲	三等奖
小学 A 组	李韦辰	—	三等奖

（六）3D 创客社团

3D 创客社团基于 LogoUp 3D 软件,以培养学生三维设计兴趣为基础,培养学生的动手能力、创新精神,探讨三维模型设计和三维打印技术技能,以发掘培养人才为宗旨,遵循自愿参加、相互协助、共同进步的原则。

社团口号:3D 建模改变生活,数字创新提高思维。

3D＋创客社团历年获奖情况见表 4-2-12。

表 4-2-12　厦门市创客大赛获奖情况统计

第五届厦门市创客大赛——3D＋创客项目		
选手	选手	奖项
罗焜阳	吕宜桦	一等奖
第四届厦门市创客大赛——3D＋创客项目		
选手	选手	奖项
周圣均	郑享航	一等奖
李梓赫	容若心	二等奖
朱帅	陈彦霖	二等奖
戴明皓	蔡乐言	二等奖
陈予宁	潘诗晗	二等奖
第二届厦门市创客大赛——3D＋创客项目		
选手	选手	奖项
施纯馨	陈可馨	二等奖
郑乐莹	张梓萌	二等奖
杜喆茹	王奕程	二等奖

（七）动漫创客社团

动漫创客社团秉持健康积极向上的原则，旨在发展学生的全方面素养，在锻炼信息技术运用能力的同时，帮助学生发散思维，提高写作表达水平，提升审美品位。学生们在畅游动漫的海洋中，内化德育知识，初步了解景别与镜头等摄影专业知识，掌握动画制作工具"互动电影"的使用方法。社团所有成员保持初心、坚持不懈，以各式各样的动画作品打造一个专属于自己的彩色校园回忆。

社团口号：人人皆为小导演。

动漫创客社团历年获奖情况见表 4-2-13、表 4-2-14。

表 4-2-13　第五届厦门市中小学创客大赛动漫创客获奖情况统计

组别	获奖者	奖项
小学 A 组	三(5)邵垠蓉	二等奖
小学 A 组	四(3)林欣瑜	二等奖
小学 A 组	四(5)陈芷淳	二等奖
小学 B 组	六(6)陈欣玙	一等奖
小学 B 组	六(1)连葳 六(1)黄靖尧	二等奖
小学 B 组	五(4)林潘羽霄	二等奖
小学 B 组	六(4)杨欣雨	二等奖
小学 B 组	六(6)许祎宸 六(6)范若轩	三等奖
小学 B 组	六(6)周以恒	三等奖

表 4-2-14　第四届厦门市中小学创客大赛动漫创客获奖情况统计

组别	获奖者	奖项
小学 A 组	林潘羽霄	二等奖
小学 A 组	陈抒昊	二等奖
小学 A 组	郑祯惠	三等奖
小学 B 组	刘博未	一等奖
小学 B 组	杨欣雨	三等奖
小学 B 组	邵桢	三等奖

（八）无人机创客社团

无人机创客社团旨在帮助社团成员学习操控无人机飞行,让他们提前体验小小飞行梦,了解科技前沿。课程把图形化编程与智能硬件巧妙融合,涉及无人机飞行路线、传感器功能、拓展模块 ESP32 开源硬件,让孩子们更加多元化体验无人机的飞行乐趣。

社团口号:展开科技的翅膀,放飞科学的梦乡;乘着科技的翅膀,在创想的蓝天里飞翔。

无人机创客社团历年获奖情况见表 4-2-15 至表 4-2-19。

表 4-2-15　2022 年福建省青少年人工智能大赛获奖情况统计

组别	获奖者		奖项
越障迷宫	刘垚	张家齐	一等奖
越障迷宫	俞又源	唐一凡	一等奖
越障迷宫	洪芃	陆泳成	一等奖
越障迷宫	水乐屾	陈韵哲	二等奖
竞速穿越	李梓通	李梓赫	二等奖
竞速穿越	魏来	陈予汗	三等奖
越障迷宫	庄士元	叶陈宇	三等奖
越障迷宫	徐莫潼	陈翰翼	三等奖
竞速穿越	庄园	刘珈源	三等奖
越障迷宫	林隽逸	—	三等奖

表 4-2-16　2022 年第六届全国青少年无人机大赛

组别	获奖者	奖项
越障迷宫	唐一凡	二等奖
越障迷宫	俞又源	二等奖

表 4-2-17　第四届厦门市中小学创客大赛

组别	获奖者	奖项
小学 A 组	徐莫潼 李昕宸 陈德燊	二等奖
小学 B 组	刘垚 林隽逸	二等奖
小学 A 组	许明易 王夏研 俞又源	三等奖
小学 B 组	庄士元 水乐屾 陈韵哲	三等奖

表 4-2-18　2022 年首届厦门市人工智能机器人挑战赛

组别	获奖者	奖项
旋翼迷宫赛	李梓通 李梓赫	一等奖
旋翼迷宫赛	刘垚 徐莫潼	一等奖
旋翼迷宫赛	水乐屾 陈韵哲	一等奖
旋翼迷宫赛	蔡彦熙 黄心弘	一等奖
旋翼迷宫赛	张照榕 黄昱标	一等奖
旋翼迷宫赛	庄士元 叶陈宇	二等奖
旋翼迷宫赛	洪芃 陆泳成	三等奖
机甲大师赛	俞又源 唐一凡 陈翰翼 黄淇泓	三等奖

表 4-2-19　2023 年第五届厦门市中小学创客大赛

组别	获奖者	奖项
竞速穿越	魏来 王炳徽	一等奖
编队飞行	李梓通 李梓赫	二等奖
编队飞行	水乐屾 陈韵哲	二等奖
竞速穿越	谢远恺 陈瑾航	三等奖

五、创客中心成果丰硕

有了创客中心，学校组织参加国家、省、市、区的科技类白名单赛事时，选手们不再单兵作战，而是由学校组织、统筹安排各社团参加比赛。两年来，总获奖达 393 人次，其中国家级获奖 8 人次，省级获奖 52 人次，市级获奖 275 人次，区级获奖 58 人次。创客中心获奖情况见图 4-2-3。

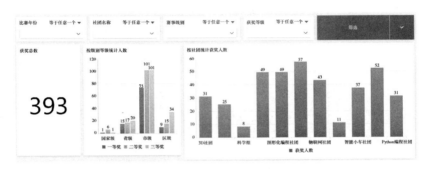

图 4-2-3　创客中心获奖情况统计

在近两届厦门市中小学创客大赛中，演武小学均获得厦门市团体总分第一名，具体成绩见表 4-2-20、表 4-2-21：

表 4-2-20　第五届厦门市中小学创客大赛

创客赛项目	一等奖人数	一等奖名单	二等奖人数	二等奖名单	三等奖人数	三等奖名单
编程创客 A	—	—	2	杨文韬 彭莫凡	1	何岱锦
物联网创客	6	李嘉牧 沈若晨 高至简 丁占诗涌 孙司翰 曹林凝	6	李昕宸 杨淏茗 陈昶涵 郭美驿 陈一杨 陈牧远	2	沈子博 杨皓成

续表

创客赛项目	一等奖人数	一等奖名单	二等奖人数	二等奖名单	三等奖人数	三等奖名单
智能小车竞速项目	8	邱艺航 王奕超 孙宇恺 郑享航 蒋羿熙 邵杰 杨恪 陈沈欣	2	许洲铭 杨恪	3	陈奕鑫 李韦辰 邱楚洲
动漫创客	1	陈欣玙	7	邵垠蓉 林欣瑜 陈芷淳 连葳 林潘羽霄 杨欣雨 黄靖尧	3	许祎宸 周以恒 范若轩
3D＋创客	2	罗焜阳 吕宜桦	—	—	—	—
无人机创客	2	王炳徽 魏来	4	李梓通 水乐屾 李梓赫 陈韵哲	2	谢远恺 陈瑾航
科学说创	1	沈芷伊	2	彭莫凡 杨双嘉	1	张杰毅
实验连环	4	陈忻沐 卓小荷 傅靖恩 林融俊	—	—	—	—

续表

创客赛项目	一等奖人数	一等奖名单	二等奖人数	二等奖名单	三等奖人数	三等奖名单
智力挑战赛	—	—	3	栾奕恺 张启涵 邓霖晨	6	张颢諓 陈书润 蔡恩熙 朱齐珩 吴艺栩 李孚昕
总和	24		26		18	

表 4-2-21　第四届厦门市中小学创客大赛

创客赛项目	一等奖人数	一等奖名单	二等奖人数	二等奖名单	三等奖人数	三等奖名单
编程创客 A	—	—	1	吴其宥	3	黄昊翔 陈禹霏 杨文韬
编程创客 B	—	—	5	曹林凝 陈颖洁 陈凯文 陈思睿 沙宇暄	3	郭哲韬 何城林 张家齐
物联网创客	—	—	4	李梓通 沈若晨 陈牧远 陈昶涵	3	陈翰翼 黄心弘 刘振浩

续表

创客赛项目	一等奖人数	一等奖名单	二等奖人数	二等奖名单	三等奖人数	三等奖名单
智能小车竞速项目	2	程泽翰	6	许洲铭	16	王奕超
						邵杰
						李威辰
				许铭灏		王硕霖
						邱楚洲
						陈奕鑫
				杨恪		李嘉牧
						林友捷
						苏文鳌
		骆辰熙		徐睿		郑北斗
						祝嘉海
				詹勇俊		冯孝骞
						陈怡睿
						徐惟因
				胡子诚		王樱然
						伍葭悦
动漫创客	1	刘博未	2	林潘羽霄	3	郑祯惠
				陈抒昊		杨欣雨
						邵桢
3D＋创客	2	郑享航	8	荣若心	—	—
				李梓赫		
				陈彦霖		
				朱帅		
				潘诗晗		
		周圣钧		陈予宁		
				戴铭皓		
				蔡乐言		

续表

创客赛项目	一等奖人数	一等奖名单	二等奖人数	二等奖名单	三等奖人数	三等奖名单
无人机创客	—	—	3	徐莫潼 李昕宸 陈德燊	8	许明易 王夏研 俞又源 刘垚 林隽逸 陈韵哲 水乐屾 庄士元
创客建模	4	沙宇暄 陈晔 许文睿 黄昊翔	—	—	3	沈若晨 曹林凝 高至简
智力挑战赛	5	王乐 王硕霖 张静萱 邓霖晨 陈书润	1	俞润千	7	陈润谦 林勋楷 蔡彦熙 谭次泉 柳煜伟 郑沐天 黄靖桐
总和	14		30		46	

　　图 4-2-4 和图 4-2-5 为厦门市中小学创客大赛现场,创客中心负责人林陈沐与学校相关领导接受厦门网记者的现场采访。

图 4-2-4　创客中心负责人林陈沐老师接受厦门网记者采访

图 4-2-5　办公室主任卢馨老师接受厦门网记者采访

| 第三节 |

家校协同育人课程建设

家校协同,指家庭教育系统、学校教育系统两者之间相互协调、补充、合作,互通教育信息,互补教育资源,使教育系统有序运行,从而提高教育效果、效率的一种教育方式。育人,即对受教育者进行德智体美劳等多方面的教育和培养,使之成长为社会需要的身心健康的人才。演武小学非常重视家校协同育人工作,在教学、活动等各个方面,充分发挥家校协同育人的优势,整合多方资源,助力学生健康快乐成长。

一、家校协同育人的意义

(一)家校协同育人现状

我国早期的家校合作活动多称为"家校联系"。1997 年,中国家庭教育学会常务会正式引入"协同教育"的概念,认为"协同教育"是指在现代教育观念,特别是在素质教育观念的指导下,学校、家庭、社会等方面教育资源、教育力量彼此主动协调、积极合作、形成合力,实施同步教育。现阶段,国内家校协同育人模式与国外相似,如:

1."以校为本"的家校协同模式

"以校为本"的家校协同教育模式要求家校合作,各种活动都围绕学校展开。此模式包括建立家庭中心、学校家庭教育辅导、招募家长志愿者、家长参与学校事务管理、家庭学校研讨会等。此模式适用于从幼儿园到高中的家庭和孩子,其中孩子年龄越小,家庭参与程度越高。

2."以家为本"的家校协同模式

"以家为本"的家校协同模式要求在家校合作中,各种活动都围绕家庭

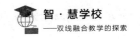

展开。此模式主要包括家庭和社区家长教育、建立社区家长与儿童发展中心、开展家庭学习活动、家访等。此模式适合年龄较小的孩子,能帮助家长对孩子进行深入的教育和辅导,但需要较大的资源投入。

3."家校互动和谐"模式

"家校互动和谐"模式赋予传统家校合作方式新的内涵,比如:家访的形式包括研究式家访、互助式家访、谈心式家访;家长会则邀请家长、学生、专家一起参加;尝试较新的家校合作方式,比如家长沙龙,亲子运动会,小区文化节,创建学习型家庭,开展家庭教育专题讲座,成立家长委员会等。

2021年,随着"双减"政策和《家庭教育促进法》的出台,家校协同育人也面临着新的挑战,在"双减"背景下,基于深度合作的家校共育成为必然选择。结合地域特点及实际校情,演武小学家校协同育人策略又有进一步的细化、拓展和延伸。演武小学家校协同育人模式主要关注以下四个方面的建设:

(1)管理立本,促进成长齐抓共管。

(2)课程主导,借力家长优质资源。

(3)活动体验,互通家校美好愿景。

(4)亲子实践,培育家庭向上力量。

(二)家校协同育人价值

1.理论价值

探究学校工作与家庭教育畅通联系、深度合作的路径,可进一步拓展新时代育人内涵与外延,助力学生健康成长。

2.实践价值

"双减"倡导把时间还给孩子、还给家庭,让孩子有多元化发展。家长对学校教育的深度参与,有助于树立家长正确的教育观,及时了解掌握孩子情况,掌握科学的教育方法,增进亲子关系,提升家庭教育的效能。同时,填补"双减"政策下节余的时间,培育孩子课外素养,提升其综合能力。学校教育有了家庭教育的密切配合,能统一、整合对孩子的教育影响,保证良好的教育效果。

（三）家校协同育人目标

1.总目标

确保"双减"政策的实施，构建学校、家庭合作共赢的教育体系，形成家校协同育人的整合优势。

2.学校目标

获得家长对学校管理和教育理念的认同，形成强大的家校协同教育合力；整合家长优势资源，助力校园教育教学活动；拓展学生课外认知，丰富学生校外活动，提升学生综合素养，培养学生成为主动、健康、发展的人。

3.家庭目标

深度参与孩子的成长，打造良好的亲子关系；科学认识教育规律，学习正确的教育方法；与学校保持教育方向一致，合力促进孩子成人、成事。

二、家长讲坛项目缘起

（一）家长资源分析

演武小学位于厦门大学、厦门理工学院等高校附近，学校家长资源丰富，很多学生家长都是大学老师、各行各业的精英，文化水平较高。学校周边文化氛围浓厚，有中华儿女美术馆、华侨博物馆、海洋三所标本馆、厦门市禁毒基地等，优质的家长资源不仅支持学校的教育工作，能走进校园深入学生课堂和学生活动，还能时时带着孩子走出校园，走进社区和展馆，开展深度学习和体验活动。

（二）家长讲坛前身

早在 2010 年，演武小学就积极思考如何利用这些丰富的家长资源提升教育教学成效。最初，学校以读书节为契机，邀请家长进课堂讲课，邀请家长与孩子们分享童年的阅读体验，激发学生的读书热情。在这一活动中，各行各业的家长踊跃报名，最后呈现的课表内容丰富多彩，强大的教育合力让人感叹！这是演武"家长讲坛"的前身，活动既丰富了课堂形式，又拓宽了教育资源。除了这些看得见的教育成效,家长进课堂活动还有很多意外的收获,比如,平时有些孩子没把家长的教育当一回事,但听完父母的课后,发现父母原来是这样受欢迎的老师。活动不仅丰富了学生的知识,也促进了亲子间的交流。

十几年来,演武一直在积极探索家校合作教育的模式,家长讲坛便是其中一个非常有效的形式。家长走进学校开讲座并不新鲜,但大规模的家长长期走进课堂讲授还很鲜见。为了将演武"家长讲坛"办得更加规范、成效更好,形成演武的德育特色。近年学校申报了区级关工委品牌亮点活动——《家长讲坛》,希望借助学校、各级关工委的力量,进一步研究家长讲坛的组织、实施策略,让家长讲坛从班级到年级到学校,辐射范围更广、讲坛课程更精、教育影响更深。

三、家长讲坛的课程构建

家长讲坛活动意义重大,在活动过程中能够提高学校德育管理水平,积极发挥学校关工委的作用,充分利用学校家长资源,有效开辟教育教学新方式。从而,拓宽学生课堂知识,丰富学生课外活动,补充教育师资力量,促进家庭亲子关系。学校非常重视家长讲坛体系建构,由于家长职业不同,所开课程可谓包罗万象。学校每学期初组织班级、年段制订"家长讲坛"计划,形成班级和年级的"家长讲坛"课表,促进家长讲坛课程形成教育教学资源库。优质的家长讲坛资源可从班级共享到年段,或从年段共享至学校。家长讲坛内容丰富:从指导如何阅读,到中国古典名著和戏曲小说赏析;从如何自我保护,到心理健康教育;从生活中的化学,到奇妙的生物;还有烹饪技巧、110的故事、鲍鱼的一生……家长讲坛课程精彩多样,深受学生喜爱。

(一)班级家长讲坛

每个班级每个月邀请1名家长进班级开展家长讲坛活动,同时鼓励班级以校内家长讲坛、校外亲子假日小队相结合的形式进行,每学期每班开展家长讲坛和假日小队活动共4次。学校不仅鼓励家长走进校园和孩子共成长，还鼓励家长利用资源带孩子走出校园学知识。课题立项后，有消防员爸爸进校园讲解消防安全知识；有班级走出校园参观华侨博物馆，听学生妈妈介绍厦门历史；还有老革命爷爷给孩子讲党史讲故事等。

（二）年段家长讲坛

班级家长讲坛资源库成立后，由班主任推荐优秀资源至年段，进一步开展年段家长讲坛活动。如：厦视新闻主播家长在年段层面开展"如何说好普通话"讲座，厦大医院医生家长开展年段"保护视力"讲座，双十中学教师家长为六年段学生开展初小衔接讲座等。

（三）校级家长讲坛

许多优秀的家长不仅是班级热心家委，同时还是学校家长学校的校长和委员，他们定期到学校开展主题教育活动。如：厦大心理学博士赖丹凤教授，为全校学生和家长开展"爱的智慧"家长课堂，进行四场家庭教育讲座，主题有"如何培养孩子守规则的习惯""如何教出爱学习的孩子"等。厦大公共卫生学院江宜珍教授为班主任、段长老师开展"做好孩子们的心理守门人"体验活动，为家长们开展"爱的智慧"家长课堂——"爱要如何好好说"。

四、家校协同育人成果

走出 40 分钟的课堂，家校活动也是学校探索家校协同育人的重要内容。家长资源不仅在课堂上生根，还在校园活动中发芽。厦大物理学院教授家长定期进校园，指导创客社团开展各项社团活动；建党百年"学党史"活动中，各班家长进校园讲红色故事；文化馆家长组织传统文化进校园活动，拉开校园文化艺术节序幕；干休所军人家长组织军官展示军姿，奏响运动会序曲；媒体行业家长牵头组织"漂书看世界"活动，联合厦港街道、厦大人文学院团委等单位，开展"少年荐书官"、义卖小摊主、图书捐赠等活动，激发学生读书热情，并通过义卖捐书等行为，与山区儿童分享图书。同时，每学期期末，德育处引导班级规范填写家长讲坛活动及其他家校协同育人活动的过程,形成文字和图片记录;组织家长代表撰写家庭教育文稿,分享优质家庭教育经验,形成家庭教育汇编;收集家长讲堂资料,形成优秀教育资源库。

基于长期、持续的家校协同育人研究,演武小学积极申报区级家校协同育人课题,参评区级家庭教育示范校园。

(一)家校协同育人课题顺利开展

2022年10月,演武小学德育处申报区级家校协同育人课题"'双减'背景下家校协同育人策略的行动研究",经专家评审顺利通过,于2022年11月正式立项。开题后,课题组成员认真研究,按计划按步骤推进研究进程,顺利通过中期汇报,将于2024年7月结题。

(二)家庭教育示范校园通过评估

2023年3月,学校申报参评区级家庭教育示范校。经过上级部门考察、评估,于2023年4月23日被确定为思明区家庭教育示范校。

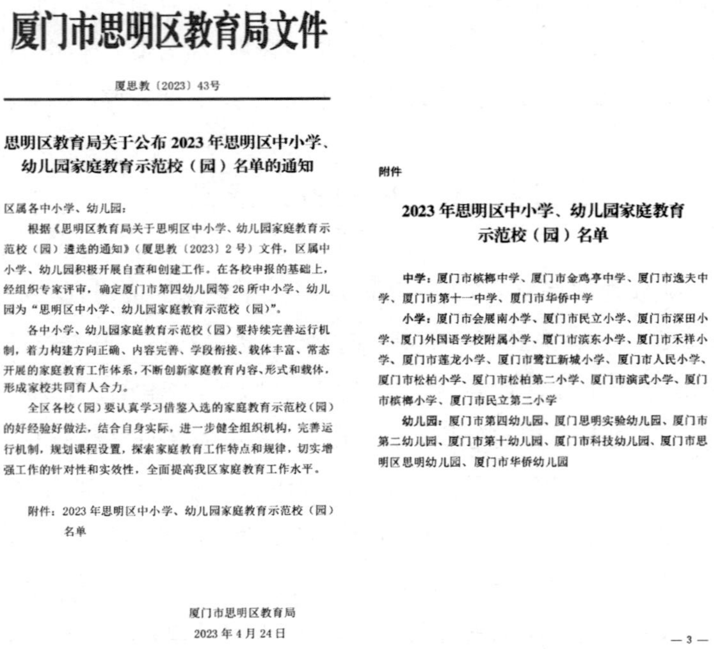

厦门市思明区教育局文件

厦思教〔2023〕43号

思明区教育局关于公布2023年思明区中小学、幼儿园家庭教育示范校(园)名单的通知

区属各中小学、幼儿园:

根据《思明区教育局关于思明区中小学、幼儿园家庭教育示范校(园)遴选的通知》(厦思教〔2023〕2号)文件,区属中小学、幼儿园积极开展自查和创建工作。在各校申报的基础上,经组织专家评审,确定厦门市第四幼儿园等26所中小学、幼儿园为"思明区中小学、幼儿园家庭教育示范校(园)"。

各中小学、幼儿园家庭教育示范校(园)要持续完善运行机制,着力构建方向正确、内容完善、学段衔接、载体丰富、常态开展的家庭教育工作体系,不断创新家庭教育内容、形式和载体,形成家校共同育人合力。

全区各校(园)要认真学习借鉴入选的家庭教育示范校(园)的好经验好做法,结合自身实际,进一步健全组织机构,完善运行机制,规划课程设置,探索家庭教育工作特点和规律,切实增强工作的针对性和实效性,全面提高我区家庭教育工作水平。

附件:2023年思明区中小学、幼儿园家庭教育示范校(园)名单

厦门市思明区教育局
2023年4月24日

附件

2023年思明区中小学、幼儿园家庭教育示范校(园)名单

中学:厦门市槟榔中学、厦门市金鸡亭中学、厦门市逸夫中学、厦门市第十一中学、厦门市华侨中学

小学:厦门市会展南小学、厦门市民立小学、厦门市深田小学、厦门外国语学校附属小学、厦门市滨东小学、厦门市禾祥小学、厦门市莲龙小学、厦门市鹭江新城小学、厦门市人民小学、厦门市松柏小学、厦门市松柏第二小学、厦门市演武小学、厦门市槟榔小学、厦门市民立第二小学

幼儿园:厦门市第四幼儿园、厦门市思明实验幼儿园、厦门市第二幼儿园、厦门市第十幼儿园、厦门市科技幼儿园、厦门市思明区思明幼儿园、厦门市华侨幼儿园

—3—

图4-3-1 演武小学被评为"思明区家庭教育示范校"

特色校本课程建设

　　校本课程是学校的特有课程,它反映了学校的办学目标,是结合学校特色资源和学生需求而产生的课程体系。演武小学以"养正开新"为校园文化核心,重视开发有利于学生身心健康及培养学生素养的校本课程,如:体育校本课程、传统文化"二十四节气"课程、"行见演武"课程、知识产权课程、小记者课程等。在开发过程中,学校整合优质的家长资源,如:引进厦门大学的教师、研究生等师资资源,打造体育特色校本课程;结合地域资源,与演武社区、厦门大学共同开发有关演武池、演武亭、演武场等立足历史文化资源的"行见演武"校本课程;同时,根据演武孩子的学情,各年段开发一系列符合孩子学习需求的劳动校本课程、小记者校本课程等。通过多彩多样的校本课程,有针对性地提升学生的综合能力,为学生的不同发展搭建更多、更大、更好的学习成长平台。

一、知识产权校本课程

（一）知识产权课程建设

　　2009 年 12 月,演武小学被确认为福建省首批知识产权教育普及试点校。在厦门市知识产权局的指导下,演武小学开始在组织建设、课程建设、活动开展等各方面渗透知识产权教育。2020 年,演武小学被评为厦门市知识产权教育普及教育示范校。作为知识产权教育普及教育示范校,演武小学长期扎实开展知识产权宣传教育活动。在"养正开新"的文化核心指引下,学校力求保持教育的"时代感",努力培养具有创新特质的新一代,激发学生以新的角度、新的思维看问题、想办法,增强文化自信,筑梦新时代。

1.注重顶层设计,管理机制完善

学校成立了以校长任组长,其他校领导为成员的知识产权教育领导小组,同时结合教学实际,制定教学制度,明确知识产权教育工作职责,切实将知识产权教育纳入综合实践课程。每学期开设知识产权课4～6个课时,实践课均不低于2次。学校积极探索知识产权教育模式,关注知识产权信息,在各学期初将知识产权教育工作纳入计划,期中落实,期末总结反思。

2.注重氛围,提高教师水平

为了营造良好的知识产权教育氛围,有效促进知识产权活动的开展,学校注重校园知识产权氛围的布置。每学期均有以"知识产权"为主题的板报手抄报展示活动,积极发动学生参与。通过午会和少先队活动课定期进行知识产权法的宣传。一点一滴的教育渗透,"知识产权"对师生而言不再陌生。学校还积极探索教师校本实践工作,通过教师大会、班主任例会进行知识产权教育业务培训,力求提高教师知识产权教育意识,让知识产权教育在学科教育中渗透,在德育教育中渗透。学校德育处积极与知识产权协会开展座谈,进行知识产权校本教材的编写、修订工作。

3.积极探索,编写校本教材

学校积极探索知识产权校本课程推广,在综合实践课程中渗透知识产权知识点。2012年6月,知识产权校本教材1.0版正式推出(图4-4-1)。2022年,学校将原有校本教材进行更新,加入最新的案例,使校本教材更切合新时代知识产权教育的需要。学校成立新一届知识产权校本教材编写小组,开展教材更新工作,并积极与厦门市市场监督管理局(知识产权处)、知识产权协会等部门机构开展交流,收获专业指导,落实校本教材的编写工作。

4.利用资源,开展丰富活动

学校充分利用3.15消费者权益保护日,4.26世界知识产权日等节日契机,开展形式多样的教育宣传活动。学校定期邀请厦港司法所所长和北京大成(厦门)律师事务所律师到进校园为学生带来主题法律知识讲座等。2010年7月,学校举办首届"欢乐暑假 知识产权"市级夏令营活动,至今共开展12届市级知识产权夏令营活动。除此之外,学校还定期参与厦门市知识产权局组织的知识产权教育工作培训和会议，进行深度交流。2023 年 4 月，学校与思明区市场监督管理局共建，建立知识产权维权工作站"演武小学联络点"。

5.坚持不懈，收获教育成果

学校注重校园科学文化的积淀，注重创新精神与实践能力培养体系的构建，努力营造校园科技文化氛围，以点带面，推动全校的科技教育工作。学校以科普日、科技周、科技月、科技节为契机，激发学生对科技制作与科技创新的热情。学校发出小小科学家召集令，开展"三小"活动，鼓励学生将自己的小发明、小制作带来学校分享，并推选优秀作品参加青少年科技创新大赛。学校根据本校自身特点，借助厦大资源，创办各类创客社团，并积极参加省市区级比赛，获得了许多优异成绩。

（二）知识产权教育校本教材

在厦门市知识产权局、厦门市知识产权协会的指导下，学校于 2012 年和 2022 年分别组织骨干教师编写知识产权教育校本教材。其中 2022 版知识产权教育校本教材为 2.0 版（图 4-4-2），不仅修正了相关法律法规，还引用了最新的事件及案例，并融入校园卡通人物形象"小文""小武"，让校本教材更加有趣、生动。

图 4-4-1 知识产权教育校本教材 1.0 版　图 4-4-2 知识产权教育校本教材 2.0 版

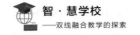
1.知识产权教育校本教材 1.0 版

（1）目录框架。

主题活动一：知识产权知多少 。

①什么是知识产权；②知识产权的价值；③知识产权的保护；④常见的几种知识产权；⑤知识产权综合活动。

主题活动二：认识专利权。

①准备研究的问题；②专利权的含义；③专利权的种类及作用；④了解身边的专利；⑤怎样维护你的专利权；⑥解决专利纠纷的途径。

主题活动三：商标的奥秘。

①商标的概念；②寻找生活中的商标；③商标的作用；④商标的设计；⑤商标的注册。

主题活动四：生活中的著作权。

①著作权的含义、保护的范围；②著作权的内容、保护期限以及合理使用；③关于盗版；④著作权与财富。

主题活动五：我们身边的发明与保护。

①保护发明的意识；②怎样的发明才能受到保护；③走近身边的发明和保护；④我是小小发明家。

主题活动六：专利权人的权利和义务。

①职务发明应该由单位来申请专利；②DVD 专利收费之争；③申请和获得专利后我们要做的事情。

（2）主要内容。

下面以主题活动一：知识产权知多少"什么是知识产权"为例介绍校本教材 1.0 版的内容。

同学们，还记得我吗？我是眼镜阿嗨啊！我们在《漫画知识产权》见过面，一起学习了知识产权最基本的一些知识，让我们再一起将知识产权知识融入实践当中吧~

主题活动一：知识产权知多少？

一、什么是知识产权

《喜羊羊与灰太狼》诉讼维权

　　如果现在问小朋友们最爱看啥动画片？大部分小朋友都会选《喜羊羊与灰太狼》。爱屋及乌，印有喜羊羊与灰太狼的各种商品也受到广大消费者的青睐，一些商家就看中了这里的商机，没有经过授权，就贴上喜羊羊等卡通商标进行销售。最近，浙江台州市场上也发现了不少这样的商品，这下，拥有《喜羊羊与灰太狼》合法版权的上海天络行文化传播有限公司(下称天络行公司)就有意见了。11月18日，天络行公司与作为销售方的4家超市在台州市中级人民法院对簿公堂。

　　原告方认为，《喜羊羊与灰太狼》是目前国内各大电视台热播的动画片，深受各年龄层观众的喜爱，该片获得了包括"五个一工程"优秀作品奖、"中国电视金鹰奖"在内的各种奖项。同时，该片还入选国家文化部、国家工商行政管理总局公布的《重点动漫作品保护目录》(第一批)，属于七个重点保护的民族动漫品牌之一，该动画片的卡通

图 4-4-3　校本教材 1.0 版"什么是知识产权"内容

形象享有极高的经济价值及市场发展前景。原告经合法授权，依法享有动画片《喜羊羊与灰太狼》系列卡通形象(包括但不限于喜羊羊、美羊羊、慢羊羊、懒羊羊、沸羊羊、暖羊羊、灰太狼、红太郎、小灰灰及其衍生形象)著作权在中国大陆地区的专有使用权，并有权在中国大陆地区维护上述卡通形象的知识产权并就侵权行为提起诉讼。

原告经调查发现，这些超市以及商场未经授权，擅自销售印有"美羊羊"、"喜羊羊"、"灰太狼"等卡通形象的产品。有些把这些卡通商标未经授权贴在游泳圈上，有些印在文具以及毛绒公仔上，甚至有些还印在 CD 片的封面上，侵犯了原告的专有使用权。

 漫画回顾

(一)知识产权

★知识产权是一种无形的财产。它指的是人们对其在科技和文学艺术等领域内所创造的对智力劳动成果依法所享有的占有、使用、处分和收益的权利。简单地说，知识产权就是用法律手段来保护智力劳动成果。

图 4-4-3　校本教材 1.0 版"什么是知识产权"内容(续)

【考考你】

1.小张从海外的爷爷那里继承了一栋别墅，这栋别墅是否能享有知识产权保护？

2.J·K·罗琳写了《哈利波特与魔法石》一书，她可不可以靠这本书赚钱？

3.小骏开发了一款新的游戏软件，他可不可以把这款游戏软件作为生日礼物送给最好的朋友？

 漫画回顾

（二）知识产权的范围

★知识产权的范围：专利权、著作权、商标权、技术秘密、名称标记权、植物新品种和集成电路布图设计等。

【考考你】

1.下列内容中不受到知识产权保护的是（ ）。

A 科技小发明 B 作家新书 C 新发现的生物种类 D 鼓浪屿名称 E 药物配方 F 改良的新稻种 G 耐克商标 H 姓名

2.袁隆平教授通过多年的努力，培育出了一种新的水稻高产品种，他的研究成果能受到知识产权保护吗？（ ）

图 4-4-3 校本教材 1.0 版"什么是知识产权"内容（续）

（三）知识产权的主要特点

★**专有性**：指知识产权为权利主体所专有。权利人以外的任何人，未经权利人的同意或者法律的特别规定，都不能享有或者使用这种权利。

【考考你】

张先生完成了一项新的集成电路布图设计，他的儿子偷偷将它卖给另一家公司赚取高额利益，他的儿子是否有权利这样处置父亲的这一设计图呢？

图 4-4-3　校本教材 1.0 版"什么是知识产权"内容（续）

★时间性：指法律对知识产权的保护规定一定的保护时限，知识产权在法定期限内有效。

【考考你】

某制药厂在 1985 年发明了一种抗癌新药，该项专利的保护期是 20 年。今年有三家制药厂也开始生产这种药物，请问，这三家药厂是否侵犯了知识产权？

图 4-4-3 校本教材 1.0 版"什么是知识产权"内容（续）

漫画回顾

★**地域性：**指某一国法律所确认和保护的知识产权，只在该国领域内发生法律效力。

【考考你】

中国的九阳豆浆机专利技术只在中国申请了专利，请问，美国商家也使用该技术生产豆浆机，是否侵权？

图 4-4-3　校本教材 1.0 版"什么是知识产权"内容（续）

2.知识产权校本课程 2.0 版

（1）课程目录

主题活动一：知识产权知多少。

①什么是知识产权；②知识产权的重要性；③保护知识产权；④知识产权综合活动。

主题活动二：专利的奥秘。

①专利的历史与发展；②准备研究的问题；③专利的概念与种类；④什么样的专利会获得授权；⑤专利申请与授权；⑥专利侵权。

主题活动三：商标与品牌。

①什么是商标；②商标的作用；③商标的辨别；④商标的设计；⑤品牌与商标。

主题活动四：生活中的著作权。

①什么是著作权；②著作权的内容及保护；③关于盗版。

主题活动五：其他知识产权。

①商业秘密；②地理标志；③植物新品种；④集成电路布图设计。

知识产权知识竞赛。

（2）课程内容

下面以主题活动一：知识产权知多少"什么是知识产权"为例介绍校本教材 2.0 版的内容。

Hi 同学们，我们是小文和小武！没想到会在这里看到我们吧！这个学期让我们一起学习知识产权相关的基础知识，并学着将知识产权知识融入实践中吧！

主题活动一：知识产权知多少

活动目标

1.通过案例和漫画了解知识产权的基本概念及作用，初步认识知识产权的主要类别及特点。

2.通过"查一查"、"考考你"、"议一议"等生动有趣的形式激发学生对知识产权的兴趣和关注，培养学生分析表达的能力。

3.培养学生的知识产权意识，学会尊重、保护自己和他人的知识产权。

活动准备

1.教师根据班级实情组成学习讨论小组，开展学习竞赛和实践活动。

2.学生初步具备收集和处理信息的能力，学校为学生提供相应的信息收集渠道。

3.教师根据教材内容合理分配课时，并收集相关材料补充教学，有条件的可以制作课件演示。

活动建议

1.主题活动一的内容是知识产权中一些最基础的知识，教师以通俗易懂的语言和形式开展教学，以激发学生对知识产权的关注和兴趣为出发点。

2.要留足时间让学生开展讨论，在思考与辨析中明辨是非，避免教师包办通讲。

| 课时安排 | 六课时 |

图 4-4-4　校本教材 2.0 版"什么是知识产权"内容

一、什么是知识产权

☆ **案例引路**

实现"冰墩墩自由"？再模仿你就越界了！

如果问 2022 年冬天谁是北京冬奥会的顶流，吉祥物"冰墩墩"必须拥有姓名！日思夜想冰墩墩！朝思暮想冰墩墩！谁还不想要个冰墩墩呢？但是网上开售秒光，线下门店断货，"新晋顶流"冰墩墩出现了"一墩难求"！

在这种情况下，网友们通过手绘冰墩墩，制作橡皮泥冰墩墩、雪人冰墩墩、剪纸冰墩墩……来实现"冰墩墩自由"。那么问题来了，这些民间自制的冰墩墩到底会不会侵权呢？**"冰墩墩"的卡通形象显然构成美术作品，受著作权法的保护。** 其著作权人（北京冬奥会组委会）有权禁止他人未经其许可对"冰墩墩"的使用，包括开发、传播和销售表现"冰墩墩"的相关衍生品的行为。但是，如果使用行为符合为个人欣赏目的而使用，或报纸、期刊、广播电台、电视台等媒体在报道新闻时对"冰墩墩"的再现等使用方式，通常并不会损害著作权人的合法权益，不构成侵权。**因此民间自制的冰墩墩如果不进行销售、传播就不会侵权。**

在"一墩难求"的情况下，还有一些商家开始打起歪主意，未经授权借冬奥和"冰墩墩"形象进行商业宣传。2022 年 2 月 11 日下午，浙江省宁波市镇海区市场监管局在辖区巡查时发现，招宝山街道有一家蛋糕烘焙店正在售卖一款蛋糕，蛋糕上印有奥林匹克五环标志，**并且该蛋糕的造型涉嫌侵犯 2022 北京年冬奥会吉祥物"冰墩墩"外观设计权。** 执法人员经过现场调查核实，蛋糕店制作的该款甜品并没有取得奥林匹克标志相关授权，依据《奥林匹克标志保护条例》，执法人员责令蛋糕店立即下架、停止销售该款蛋糕，并迅速对此立案，该商户的行为将面临一定金额的行政处罚。

图 4-4-4　校本教材 2.0 版"什么是知识产权"内容（续）

🔍 查一查

除了"冰墩墩"形象，还有哪些属于奥运会知识产权？

（一）知识产权的概念

人类的智力成果主要包括发明创造、商业标识、文学艺术和科学作品三类。知识产权则是指人们对其智力劳动成果享有占有、使用、处分、收益的权利。简单来说，知识产权就是用法律手段来保护智力劳动成果。

相比房屋、汽车、珠宝这样的有形财产，知识产权是一种无形的财产权，像空气一样看不见，抓不着，但就在我们身边。从你吃的、穿的、用的、戴的到你听的、看的……处处都蕴含着知识产权。

考考你

1. 世界知识产权日是哪一天？

2. 小文从爷爷那里继承了一栋别墅，这栋别墅能否享有知识产权保护？

3. 小武开发了一款学习软件，可以把这个学习软件送给小文当生日礼物吗？

图 4-4-4　校本教材 2.0 版"什么是知识产权"内容（续）

（二）知识产权的主要类别

◆专利——发明、实用新型、外观设计

发明专利：从无到有，
创造出杯子

实用新型专利：加上
杯盖，防止热饮过快
散热；加上隔热套，
防止拿杯子时烫手

外观设计专利：改变形状

◆著作权——原创文学作品、美术作品、歌曲、软件著作权等

图 4-4-4　校本教材 2.0 版"什么是知识产权"内容（续）

◆商标——商品商标、服务商标、集体商标、证明商标

◆其他——商业秘密、地理标志、集成电路布图设计、植物新品种

★ 漫画解析 ★

议一议

请同学们一起来列举学校内或日常生活中我们接触到的书本、投影仪、课桌、麦克风、衣服、鞋子等等，都与哪几类知识产权相关呢？

图 4-4-4　校本教材 2.0 版"什么是知识产权"内容(续)

考考你

下列不受知识产权保护的是（　　）。

A、电器小发明　　B、画家新画　　C、新发现的植物种类

D、鼓浪屿名称　　E、药物新配方　　F、改良的新稻种

G、耐克商标　　　H、姓名　　　　I、精美瓷器

（三）知识产权的特点

1. 专有性

知识产权为权利主体所专有。未经权利人同意或者法律另有规定外，其他任何人都不能拥有或使用该项权利，否则就会构成侵权，将被追究法律责任。

★ 漫画解析 ★

图 4-4-4　校本教材 2.0 版"什么是知识产权"内容（续）

考考你

张先生完成了一份新的集成电路布图设计，他的儿子偷偷将它卖给了另一家公司赚取高额利益。请问张先生的儿子是否有权利处置这份设计图呢？

2. 地域性

知识产权需要法律保障才能实现，而任何一个国家或地区的法律仅在该国或该地区范围内有效。因此，任何一个国家或地区所授予的知识产权，仅在该国家或地区范围内受到保护。

★ **漫画解析** ★

考考你

如果厦门某公司的错题打印机的专利技术只在中国申请专利，那么，美国商家在美国使用该技术生产错题打印机，是否侵权？该公司想要避免该技术在美国被侵权，应该怎么做呢？

图 4-4-4　校本教材 2.0 版"什么是知识产权"内容(续)

3. 时间性

知识产权通常都有一个法律规定的保护期限，只在这个期限内有效。每个国家的法律都对不同种类的知识产权分别规定了一定的保护期限，期满后，相关知识产权就会进入公共领域，成为全社会的共同财富。也就是说，当知识产权"过期"后，他就不再受到保护，使用"过期"的知识产权就不涉及侵权了。

★ 漫画解析 ★

您的著作权保护期限还有50年！

知识产权的时间性

议一议

法律为什么要对知识产权设置保护期限呢？

图 4-4-4 校本教材 2.0 版"什么是知识产权"内容（续）

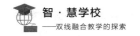

（三）知识产权校本课程微课制作

2023年4月,为了让知识产权普及教育校本课程更加生动有趣,学校与第三方机构合作,以知识产权教育校本教材2.0版为内容,开发制作了8个微课视频,辅助知识产权教育课堂的教学。线上微课助力、线下教材支撑,知识产权教育在一线课堂顺利推进,为学校落实法制教育教学增添了厚重的一笔。

二、体育校本课程建设

为了深入开展素质教育,促进学生多元发展,厦门市演武小学结合自身优势和办学特色,努力构建以"五育并举"为指引,多项特色项目齐头并进的校本特色课程体系。学校坚持"涵养生命正能量、开创生命新气象"的养正教育办学思路,把"养正体、养正行、养正思"作为教育理想,期待通过体育特色课程的建设与实施,为学生"强体魄、美心灵、重情感"的形成奠定坚实基础。在五育并举和"双减"政策的大背景下,学校构建了以体育舞蹈、跆拳道、校园篮球、校园足球等为载体的体育特色校本课程体系,努力实现从"学有所教"到"学有良教"的跨越,帮助每一个孩子找到适合自己的体育项目。演武小学的体育课程体系,是把培养学生追逐梦想、感受幸福的能力作为教育目标,旨在为学生"道德素养、人文素养、科学素养、健康素养、艺术素养"的形成奠定基础。学校希望通过课程的开发,创造高效的课堂,培养学生"健康成长必备的素养",带给学生"幸福的学习经历与梦想成真的美好体验"。"健体·学艺·启心智"成为学校开展现代教育必然的任务之一。

（一）资源现状

1.机构健全,管理到位

演武小学认真贯彻《中共中央国务院关于加强青少年体育增强青少年体质的意见》精神,以"健康第一"为指导思想,高度重视学校体育工作和学生体质健康,开足开齐体育课程,并按照体育与健康课程标准及有关规定开展体育教学和校本课程工作。学校将体育校本课程纳入学校发展规划和年度工作计划。专门成立了体育校本工作领导小组,指导本校体育校本工作的开展。

2.条件保障促进活动开展

(1)配齐配强体育师资。

演武小学体育教研组共有 10 名体育专职教师。为了弥补体育校本专业课程师资短缺,演武小学于 2023 年通过教师招聘招入篮球专项教师两名,并与厦门大学体育教学部合作,聘请足球、体育舞蹈、跆拳道等专业教师,入校指导。除此之外,在组内定期开展结合体育校本课程教学研究,不断提高体育教师教学专业技能。

(2)场地规范,器材充足,条件具备。

演武小学的体育场地设施、器材配备达到国家标准,能够满足体育教学工作的需求。我校拥有标准的 200 米塑胶田径场,并附设一块 1600 平方米左右足球场、4 块塑胶篮球场、1 间体育舞蹈专用室、1 间跆拳道专用室等。学校配备充足的足球、篮球、排球、体育舞蹈、跆拳道等专用体育器材。规范的运动场地与充足的器材为我校各年级开展体育校本课程创造了有利条件。学校每年都会投入一定的经费于体育课程建设中。设备器材如有损耗能及时补充,保证了训练竞赛器材数量充足。

(3)以校本课程提升学生体育素养。

演武小学不断完善教育教学和活动的保障措施,开设一年级校本体育舞蹈课程、二年级校本跆拳道课程、三四年级校本篮球课程、五六年级校本足球课程,让孩子们了解到更多的体育专业知识、掌握了体育运动的基本技能、增强了意志品质。

3.开发体育校本课程资源,普及专业技能和知识

演武小学按照国家有关规定开足开齐体育课,保证学生每天一小时校园体育活动。体育校本课程由专职体育舞蹈、跆拳道、篮球、足球教师进行授课,其他年级也将体育校本课程教学纳入课堂教学,体育老师在保证原有体育课程实施的前提下,每学期每年级将开设一单元相关项目的课程学习,

根据不同年龄学生的身体和心理特点设置教材难度,分年级组织学生进行专业基本知识、基本技能等方面的教学与训练,将基本技术融入体育游戏教学之中,提高学生参与体育活动的兴趣。

在课中,学校要求教师不仅要培养学生的体育运动技能,还要对学生进行礼仪和相关知识的教育,让德育贯穿于体育运动技术教学之中,从而培养学生的团队精神、与人交往的能力和耐挫抗压能力,引导学生形成敢于拼搏、乐观向上的价值取向及豁达阳光的生活态度。

4.营造浓厚的体育校园文化,强化体育校园建设

体育校本课程对于帮助学生丰富课余生活、增强体质、陶冶情操、锻炼意志品质有着重要作用,可以树立了师生的团队意识,营造了健康、和谐的校园文化。我们以"健体魄、亮青春、展风采"为目标,每学期根据各年级体育校本课程内容开展形式多样的体育节活动。通过多彩的活动宣传体育知识,普及体育活动。学校还利用班级篮球赛、足球赛、校园广播、校园网、橱窗和展报广泛宣传校园体育运动的开展情况,邀请家长观看、参与学校体育活动,增强体育课程的辐射功能。

（二）课程目标

1.总目标

（1）掌握与运用体能和运动技能,提高运动能力。

学生通过体育校本课程的学习,能享受运动乐趣,掌握各种运动技能与体能的学练方法,积极参与各种练习,保持良好的身体姿态;在学练多种运动项目技战术和参与展示或比赛的基础上掌握1～2项运动技能;认识体能和运动技能发展的重要性,掌握所学运动项目的基础知识和基本原理,了解并运用所学运动项目的规则;经常观看体育比赛,并能简要分析体育比赛中的现象与问题;形成积极的体育态度,提高分析问题和解决问题的能力。

（2）学会运用健康与安全的知识和技能,形成健康的生活方式。

通过体育校本课程的学习,学生能理解体育锻炼对健康的重要性,积极参加校内外体育锻炼,逐步形成体育锻炼意识和习惯;掌握个人卫生保健、营养膳食、青春期生长发育、常见疾病和运动伤病预防、安全避险等的知识与方法，并能运用在学习和生活中；了解和体验体育活动对心理健康的积极影响，学会调控自己的情绪，积极应对挫折和失败，保持良好的心态；主动同他人交流与合作，知道在不同环境下进行体育锻炼的方法和注意事项，逐步适应自然环境和社会环境。

（3）积极参与体育活动，养成良好的体育道德品质

通过体育校本课程的学习，学生能理解参与体育学练、展示或比赛对个人品德塑造的重要性；积极参与体育活动，在遇到困难或挑战自身身体极限且保证安全的情况下能克服困难、坚持到底，与同伴一起顽强拼搏；遵守体育游戏、展示或比赛规则，相互尊重，诚实守信，具有公平竞争的意识和行为；充满自信，乐于助人，表现出良好的礼仪，承担不同角色并认真履行职责，正确对待成败；能将体育运动中养成的良好体育道德品质迁移到日常学习和生活中。

2.水平目标

演武小学体育校本课程依据核心素养达成度，分三个水平对课程目标进行细化（见表 4-4-1）。

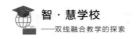

表 4-4-1　体育校本课程目标

课程目标	水平一	水平二	水平三
掌握与运用体能和运动技能，提高运动能力	积极参与各种体育舞蹈、跆拳道游戏，感受体育活动的乐趣。学练和体验体育舞蹈、跆拳道等基本运动技能	积极参与篮球运动项目游戏，感受篮球运动乐趣。学练体能和篮球运动项目的知识与技能，能进行篮球比赛。运用所学知识观看篮球比赛	积极参与运动项目学练，形成运动兴趣。体能水平显著提高；掌握足球运动项目的基本知识，学练足球运动项目的技战术，并能在足球比赛中运用。运用足球比赛规则参与裁判工作，观看足球比赛并能进行简要评价
学会运用健康与安全的知识和技能，形成健康的生活方式	感受体育锻炼对健康的重要性，参与校内外体育活动。了解个人卫生保健、营养膳食、安全避险等知识和方法，并将其运用于日常生活中。学生活泼开朗，乐于与他人交往，能积极适应自然环境	了解体育锻炼对健康的重要性，积极参与校内外体育活动。了解个人卫生保健、营养膳食、青春期生长发育、运动伤病、安全避险等知识和方法，并将其运用于日常生活中。关注自己情绪的变化。积极与他人沟通和交流，能适应自然环境的变化	理解体育锻炼对健康的重要性，主动参与校内外体育锻炼。将健康知识与安全技能运用于日常生活中。遭受挫折和失败时能保持情绪稳定。交往与合作能力得到提升，适应自然环境的能力增强
积极参与体育活动，养成良好的体育道德品质	在体育舞蹈、跆拳道活动中表现出不怕困难、努力坚持学练的意志品质。按照要求参与体育舞蹈、跆拳道游戏。在活动中尊重教师、爱护同学，能扮演不同的运动角色	在有一定难度的篮球活动中表现出勇敢顽强、克服困难的意志品质。按照规则和要求参与篮球活动。在篮球活动中表现出文明礼貌、乐于助人的行为	在有挑战性的足球活动中能迎难而上，表现出自信和抗挫折能力。遵守各种规范和规则，尊重裁判，尊重对手，表现出公平竞争的意识。具有团队精神和集体意识，能接受比赛结果

（三）课程内容

演武小学体育校本课程内容见表 4-4-2。

表 4-4-2 体育校本课程内容

核心素养		
运动能力	健康行为	体育品德

↕

课程目标

↕

课程内容				
基本运动技能	体能	健康教育	专项运动技能	跨学科主题学习
移动性技能 非移动性技能 操控性技能	身体成分 心肺耐力 肌肉力量 肌肉耐力 柔韧性 反应能力 位移速度 协调性 灵敏性 爆发力 平衡能力	健康行为与 生活方式 生长发育与 青春期保健 心理健康 疾病预防与突发 公共卫生事件 应对 安全应急与避险	体育舞蹈 跆拳道 篮球 足球	设置有助于实现 体育与德育、智 育、美育、劳动教 育和国防教育相 结合的多学科交 叉融合的学习主 题，如钢铁战士、 劳动最光荣、身心 共成长、破解运动 的"密码"、人与自 然和谐美等

（四）课程评价

体育校本课程学习的评价与考试是通过系统收集学生的课内学习态度与表现、课外体育锻炼情况与成效、健康行为等信息，对学生的体育校本课程学习情况进行判断和评估的活动，是不断完善课程建设的重要环节和途径。通过多样化的学习评价，能够促进学生达成课程目标，发展核心素养。

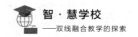
（1）考核项目：

一年级：体育舞蹈。

二年级：跆拳道。

三年级：篮球，原地拍球、定点投篮。

四年级：篮球，原地双手胸前传接球、原地投篮。

五年级：足球，颠球、运球。

六年级：足球，射门。

（2）体育校本课程成绩评价方法见表4-4-3。

表 4-4-3 体育校本课程成绩评价方法

评价方法	过程性评价	理论测试	体能与技能测试
分值	20分	20分	60分

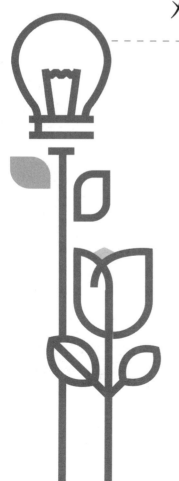

第五章

反思：
双线融合课堂的教学评价

演武小学建立360°评价体系，全面赋能学校发展。所谓360°，就是多角度、多维度。学校360°评价体系涵盖学校工作的方方面面。学校以五育并举为评价原则，制定《演武小学360°学生评价管理制度》，对学生校内外的点滴进步进行过程性评价与褒奖；开发360°教师专业发展评价系统，对教师专业成长进行精细化管理，提高教师评价的科学性、专业性、客观性；建立360°课堂评价系统，实现整个教学过程可收集、数据可分析、评价可量化、结果可复盘，达成数据说话的深度学习课堂。

| 第一节 |

360°学生评价系统

一、360°学生评价概述

演武小学全面实施360°学生评价管理制度,目的在于改革与完善原有的评价方式,更加全面、立体地建立新型科学、简便易行、形象可感、公平长效的激励机制。以老师、学生、家长为评价主体,通过课内、课外及实践活动等途径,全方位地对学生的成长给予激励与评价,从而促进素质教育目标的有效落实。

2016年8月,演武小学各部门教师集思广益,共同制定360°评价管理制度及360°评价指南。其中,管理制度规范了评价系统的操作流程、人员分工、岗位职责等,评价指南则详尽地诠释了评星争星的标准和奖励措施。

360°学生评价体系在演武小学运行多年,形成了一系列富有学校特色的切实可行的操作办法及具体灵活的奖励依据。多年的研究和实践,让此项评价机制成为学校良性发展的奠基石,转变了学校教师的评价观,转变了家长的育人观,转变了学生的成才观。

二、360°学生评价系统功能

（一）360°学生评价系统五大特性

1.科学性——评价方法科学而简便

演武小学的学生都有一本《演武小学360°学生成长手册》,凡符合"360°评价"条件的,老师就为学生申请或颁发奖章,学生获"星"后将标志粘贴于

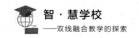
手册中的指定位置,并进行获星文字记载。某一级"星"满十即可持手册向班主任申请晋级。另外,学校建立网络数据库,对各部门、各教师、各家长的颁星情况进行监控,调控星数,保证科学性。家长登录网络后即可随时随地地查询学生的得星情况。

2.多元性——评价内容全面而有个性

"争星"范围涵盖学生校内外的表现,不仅关注学生德、智、体、美、劳全面发展,更关注对每位学生个性特长的激励,促进每位学生多元智能的发展。

3.公平性——评价机会公平而均等

每一位学生都可以平等参与,人人都有机会获得表彰奖励,整个"争星""评星"的过程公开透明,通过公示、审批,接受家长和学生的监督。

4.立体性——评价主体立体而多元

在《演武小学360°学生成长手册》中,教师、学生和家长都是评价的主体,学生本人可以申请得星,老师和家长也可以为符合得星依据的学生申请得星。

5.激励性——评价过程动态而长效

手册采用活页制作,可随时增删。"三星"之间的等级递进采用"十进制",即累计获得十颗"铜星"可申请晋级一颗"银星",累计获得十颗"银星"可申请晋级一颗"金星"。

(二)360°学生评价系统功能优势

360°评价以多种评价方向、方式,兼顾了学生的差异。通过多样化的评价,把学生放置在一个宽松、和谐、积极的环境中,让不同层次的学生都能在评价中感受到成功和被关注的快乐。

1.评价团队范围扩大

360°学生评价系统的评价团队升级,范围扩大。学生评价,不再由班主任一言堂,而是包含所有科任教师、各个社团教师及每位学生家长。评价团队中人人都有权利为孩子某方面的进步向学校主管部门申请铜星。

2.评价内容从单一转向多元

360°学生评价的内容不再单一,而是呈现多元的发展趋势。我们从星级库中可以对学生的各方面表现一目了然,从综合的角度去评价每一位学生。孩子们通过日常表现的点滴进步也能获得常规星,这样普通的一颗铜星对一些平日表现平平的孩子来说是一种极大的鼓励和赏识。

3.评价效果从短暂性转向长效性

以往针对学生的评价,都是按照学年或学期划分。学生的评价通常在一个学期结束后就停止了。老师们不能快速从某个渠道了解到一个学生在六年学习生活中的成长历程,因此学生的评价也就出现了断层。360°学生评价体系打破了这个僵局,它是一套非常完备的系统,能够记录学生长期的得星情况,学生获得的荣誉、表彰都以电子数据和纸质档并存的形式记录,即使班级更换班主任或科任教师,老师们也可以从数据库或评价手册中了解学生以往学习、品德、才艺等各方面的发展情况,第一时间掌握学生的信息,这有助于接班老师快速了解学生,帮助学生顺利成长。从短暂性的评价机制转向长效型的评价机制,让整个校园充满了持续性的、发展性的活力。

三、360°学生评价系统操作手册

（一）流程规范

1.流程示意图

360°学生评价系统示意见图 5-1-1,包括(1)申请奖励;(2)审批奖励;(3)公示;(4)领星;(5)晋级。

2.环节说明

(1)申请人填写申请奖励表。

(2)部门领导对提出的申请进行审核,确认无误后审批通过,系统自动按要求(铜星公示一天,银星公示两天,金星公示三天)进入公示程序。

(3)公示期满后,申请人(或班级领星员)向学校领星员领取相应奖章颁发给学生。

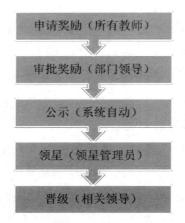

图 5-1-1　360°学生评价系统流程示意图

（4）达到晋级标准（十颗铜星晋升为一颗银星，十颗银星晋升为一颗金星），系统自动提示，晋级管理员按系统提示直接给予晋升星。

（5）公示期间，若对某颗星的颁发有异议，应向该星审批人提出，审批人及时了解情况对该星实行撤销处理；原则上已领取星不再进行撤销处理。

（二）人员分工

（1）部门领导：每学期初更新个人信息，按学校管理制度要求为任课班级学生领取奖励申请表，为向本部门提出奖励申请的记录进行审批（据实审批，德育类奖励由德育处审批，学科类奖励由教务处审批，后勤类奖励由办公室审批，金星由校长亲自审批），对已审批有异议的奖励进行核实处理。

（2）班主任：管理本班学生名录，每学期初更新个人信息，按学校管理制度要求为本班学生领取奖励申请表，实时跟踪查询本班学生的得星情况。回收晋级银星或金星的上一级十颗星。

（3）普通教师：每学期初更新个人信息，按学校管理制度要求为任课班级学生领取奖励申请表，实时跟踪查询自己为学生申请星的颁发进度。

（4）学校领星员：负责全校所有金、银、铜星的打印、领取。

（5）班级领星员：负责本班所有金、银、铜星的领取（每周领一次）及数量核实。班级领星员由班主任委任。

（6）晋级管理员：负责全校所有铜星升银星、银星升金星的晋级操作。

（7）超级管理员：拥有系统的所有权限，负责三星评价系统的后台管理与日常维护工作，包括所有人员权限分配，数据备份，学生、教师、班级、部门、用户的更新，学生转出、毕业操作，系统设置等操作。

（三）360°评价指南具体内容

1.奖励依据

（1）凡进入本校就读的学生即可获一本成长手册和一枚铜星，表明其已经成为一名演武小学的学生。

（2）班级获月"流动红旗"的奖励数量为班级学生总数50％的铜星，奖给有突出贡献者及进步明显者。

（3）未获月"流动红旗"的班级每月评出五名表现突出或进步显著者奖励铜星。

（4）班级获学期"最美集体"，奖励全班每人一颗铜星。

（5）个人获学校及以上单项表彰奖铜星一枚，获综合表彰奖银星一枚。

（6）每半学期民主评选出突出的好人好事（如诚实守信、拾金不昧、助人为乐等）可由班主任向评委会申请奖励铜、银、金星（总数不超出15个）。

（7）语、数、英学科阶段考核成绩名列班级前茅者（数量为班级学生总数的10％）奖铜星。

（8）语、数、英学科考核成绩进步明显者奖励铜星（数量为班级学生总数的20％）。

（9）学期末全科合格者奖铜星一枚，全科优秀者奖银星一枚。

（10）技能科半期和期末各评出成绩优秀者和进步突出者奖励铜星（数量为班级学生总数的20％）。

（11）班主任每学期拥有班级学生总数50％的铜星，科任老师每学期拥有所任教班级学生数量40％的铜星，用于平时奖给表现优秀及进步显著者。原则上由班主任和科任教师根据学生课堂等情况随时申请（申请依据选择：课堂表现优秀或进步显著，备注：常规），部门领导则不用查找文本依据直接审批通过，即常规星的审批权限在于申请教师。但每班每学期不能超比例申请,超比例系统会自动限制。

(12)凡参加教育部门认可的比赛获一等奖(或前三名)以上者,区级奖银星(二、三等奖或前八名奖铜星);省级及以上奖金星(二等奖或前八名奖银星,三等奖或前十二名奖铜星)。

(13)习作、绘画等作品发表在校园网获得铜星一枚,发表在各大媒体、报刊获得银星一枚。

(14)临时性奖励(含专项活动)由有关部门制定标准后向校长室提出申请,校长室根据实际情况报批后方可执行。

(15)学生在校外(含在家)某方面表现优秀或贡献突出者,家长可为孩子向班主任申请奖励,由班主任审核后向有关部门报批。

2.奖励办法

(1)凡符合奖励条件,经班主任、任课教师或部门负责人填写申请表,评委会(常规项目由指定领导)审批公示后即可奖励。

(2)按规定奖给相应级别的标志。

(3)累积十颗铜星即可申请晋升为一颗银星,十颗银星晋升为一颗金星。同时回收已发放十颗星来交换一颗高一级星。

(4)铜星由班主任或科任老师颁发,银星由中层领导颁发,金星由校级领导颁发。

(5)金星为学校最高荣誉奖章,第一次获得奖金星奖章一枚和校园系列文化产品一份(水杯/帽子);第二次获得奖金星奖章一枚和校园系列文化产品一份(学习用品);第三次获得奖金星奖章一枚和校园系列文化产品一份(包/衣服);第四次获得奖金星奖章一枚和校园系列文化产品一份(校园卡通人物形象公仔);第五次获得奖金星奖章一枚和特别礼物一份(价值标准由校务会定)。

3.颁奖规范

(1)原则上"颁发奖章"由"申请人"负责,向相应部门领取相应星,可直接发给学生,也可适当组织颁奖仪式(根据需要),以示隆重,以求鞭策。

(2)第一枚"银星"和所有"金星"除正常颁发奖章外还有另外的奖励,这些奖励都必须在集会时颁发,银星在年段集会时颁发,金星在全校集会时颁发。

4.约束条例

(1)凡获奖学生须保存好标志(及时贴在成长手册上),丢失不补。

(2)标志不得转让他人,发现即撤销该星并给予批评,若该星已晋级,则顺延至最近评的同级星给予撤销。

(3)凡冒用他人实体星者除取消其所冒用的资格外,再按冒用数罚没相应星并通报批评。

(4)凡违反学校规章制度屡次不改者或有重大违规者,学校有权没收其获得的铜星每次一枚,同时撤销系统里的铜星一枚。

(5)罚没办法有二:一是没收星(同时撤销星),二是延缓晋级。

5.说明

(1)学雷锋积极分子、爱心小天使、进步之星等属于学校单项表彰;演武好少年、优秀干部、十佳少先队员、学风标兵等属于学校综合表彰。

(2)同一个项目,同一时期获得多级表彰(含获奖)以最高级别的标准奖励。

(3)各级别奖章审批前均需公示无误后方可颁奖。

(4)本条例由校务会制定、修改、解释。

(四)纸质360°评价手册

演武小学为学生创生真实的评价载体:每位学生都有一本360°学生评价手册。这本手册从学生入学就相伴孩子成长。例如:成为演武小学的学生,可以申请一枚铜星。这颗铜星就是孩子在演武生根发芽的种子,寓意美好的开始。

手册的扉页是"校长寄语",然后是"学生名片""校园文化""评价手册的家长须知""评价指南",接着是主体内容"获星记录"。孩子们可以将获得的纸质星星贴纸贴在"获星记录"的相应位置,记录获得的时间、原因和感受。手册末尾还附有供孩子记录颁星时刻感受的记录单。若手册获星记录页用完,可以拆卸和补充。

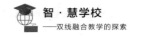
四、360°学生评价系统操作过程

（一）人员权限

1.普通老师

（1）期初更改个人信息；（2）申请奖励；（3）跟踪颁星进度；（4）查询学生得星；（5）奖励公示。

2.班主任

（1）期初更改个人信息；（2）学生档案管理；（3）申请奖励；（4）审批奖励；（5）跟踪颁星进度；（6）查询学生得星；（7）奖励作废；（8）奖励公示。

3.部门领导

（1）期初更改个人信息；（2）申请奖励；（3）审批奖励；（4）撤销奖励；（5）跟踪颁星进度；（6）查询学生得星；（7）奖励作废；（8）奖励公示。

4.领星管理员

（1）期初更改个人信息；（2）申请奖励；（3）跟踪颁星进度；（4）查询学生得星；（5）颁发相应星；（6）奖励公示。

5.晋级管理员

（1）期初更改个人信息；（2）申请奖励；（3）审批奖励；（4）撤销奖励；（5）跟踪颁星进度；（6）查询学生得星；（7）奖励晋级；（8）奖励公示。

（二）登录平台

进入演武小学数字校园，输入特定的用户名、密码、验证码即可登录。

（三）期初更改个人信息

点击"我的信息"，在个人信息界面设置所属部门、执教班级、任课学科，也可修改密码，上传自己喜欢的头像，最后点击保存。操作步骤见图 5-1-2 至图 5-1-5。

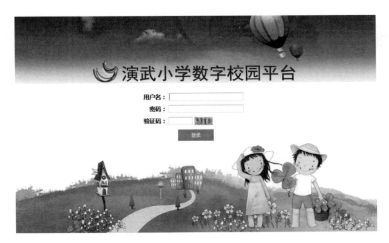

演武小学数字校园平台
用户名：
密码：
验证码：
登录

图 5-1-2　平台首页

首页信息
我的信息
安全退出

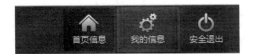

图 5-1-3　点击“我的信息”

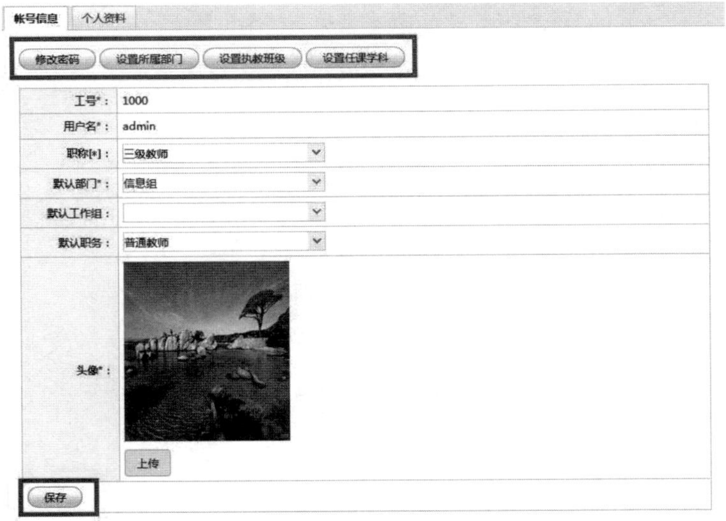

帐号信息
个人资料
修改密码
设置所属部门
设置执教班级
设置任课学科
工号*：
1000
用户名*：
admin
职称[*]：
三级教师
默认部门*：
信息组
默认工作组：
默认职务：
普通教师
头像*：
上传
保存

图 5-1-4　设置个人信息

图 5-1-5　友情链接

（四）学生档案管理

点击"基础数据"→"学生管理"，对本班学生进行管理，还可导出学生名单，操作见图 5-1-6、图 5-1-7。

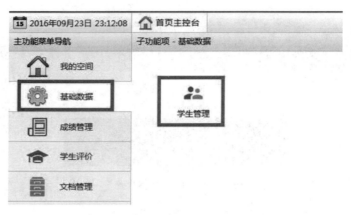

图 5-1-6　点击"基础数据"→"学生管理"

图 5-1-7　学生信息示意

（五）申请奖励

（1）点击"学生评价"→"申请奖励"，如图 5-1-8 所示。

（2）进入"申请奖励"界面，点击"添加"选项，如图 5-1-9 所示。

图 5-1-8　点击"学生评价"→"申请奖励"

图 5-1-9　添加奖励

（3）选择所属班级、学生（只会显示自己任课班级），选择申请依据，无须手动输入（以系统已有依据申请，申请部门与星类型将自动关联），如图 5-1-10 所示。

图 5-1-10　选择所属班级、学生

（4）选择完毕，单击"确定"，完成申请，如图 5-1-11、5-1-12 所示。

图 5-1-11 选择申请依据

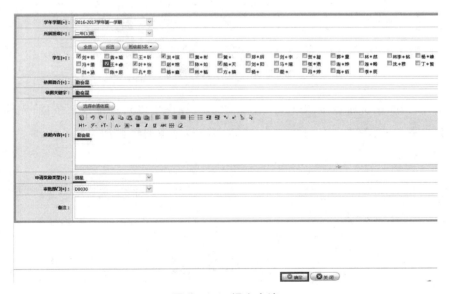

图 5-1-12 提交申请

（六）审批奖励

点击"学生评价"→"审批奖励"，勾选一条或多条的待审批记录，点击"审批"，填写审批内容，点击"确定"即可，如图 5-1-13、图 5-1-14 所示。（注意：审批部门只会看到自己部门的待审批记录）

图 5-1-13　审批奖励入口

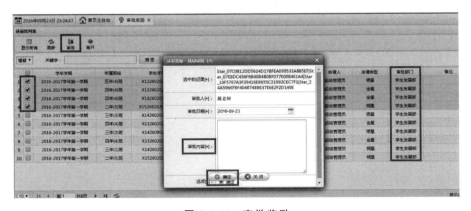

图 5-1-14　审批奖励

（七）奖励公示

点击"学生评价"→"奖励公示"，铜星公示一天，银星公示两天，金星公示三天，如图 5-1-15 所示。

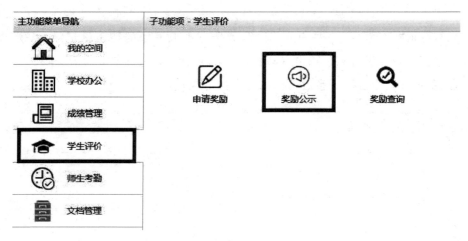

图 5-1-15　奖励公示

（八）撤销奖励

点击"学生评价"→"已审奖励"，勾选一条需要撤销的记录，点击"撤销"，填写撤销内容，点击"确定"即可，如图 5-1-16、图 5-1-17 所示。

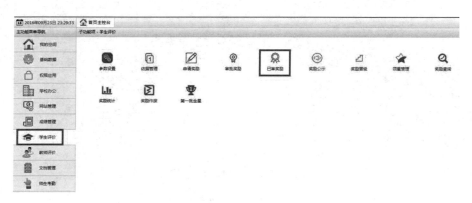

图 5-1-16　点击"学生评价"→"已审奖励"

图 5-1-17　撤销奖励

（九）跟踪颁星进度

在"申请奖励"中，老师实时跟踪学生颁星进度，进度状态信息包括是否审批、审批状态、是否晋级、是否领取等，如图 5-1-18、图 5-1-19 所示。

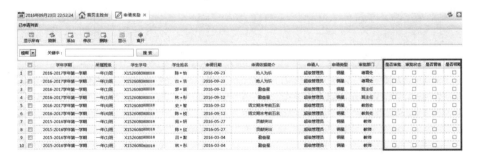

图 5-1-18　查看已申请列表

是否审批	审批状态	是否晋级	是否领取
☑	☑	☑	☐
☑	☑	☑	☐
☑	☑	☐	☐
☑	☑	☐	☐
☑	☑	☐	☐
☑	☑	☑	☐

图 5-1-19　跟踪颁星进度

（十）查询学生得星

点击"学生评价"→"奖励查询"，可按金银铜星查询，也可模糊或精确查询，如图 5-1-20、图 5-1-21 所示。

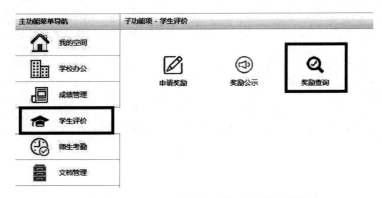

图 5-1-20　点击"学生评价"→"奖励查询"

图 5-1-21　分别查询"金星""银星""铜星"

1.模糊查询

比如输入 31，点击"搜索"，则查询到三年（1）班得星记录以及学号中包含"31"的有得星的学生，如图 5-1-22、图 5-1-23 所示。

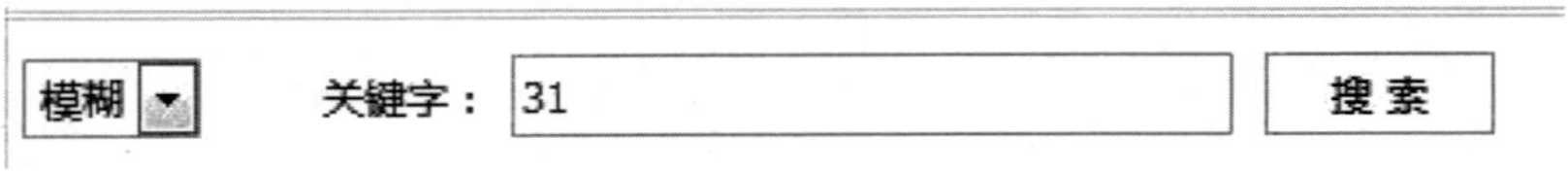

| 模糊 ▼ | 关键字： | 31 | 搜　索 |

图 5-1-22　模糊查询

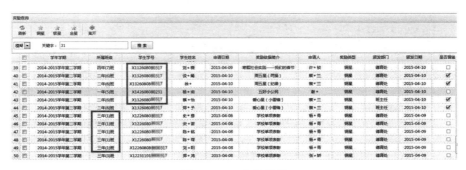

图 5-1-23　查询结果

2.精确查询

根据查询者的需求，选择条件，输入关键字，点击"搜索"，如图 5-1-24 所示。

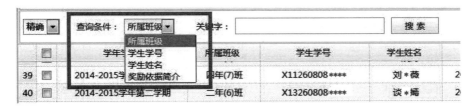

图 5-1-24　精确查询

（十一）奖励作废

点击"学生评价"→"奖励作废"，勾选需要作废的奖励记录，点击"作废"，填写作废理由，点击"确定"即可，如图 5-1-25、图 5-1-26 所示。

图 5-1-25　点击"学生评价"→"奖励作废"

图 5-1-26 奖励作废

（十二）奖励晋级

（1）点击"学生评价"→"奖励晋级"，十颗铜星晋级一颗银星，十颗银星晋级一颗金星，如图 5-1-27 所示。

图 5-1-27 奖励晋级

（2）选择"铜星晋级银星"或"银星晋级金星"，如图 5-1-28、图 5-1-29 所示。

图 5-1-28 选择"铜星晋级银星"

图 5-1-29　选择"银星晋级金星"

（3）勾选一条或多条待晋级记录，填写晋级内容，点击"确定"即可，如图 5-1-30 所示。

图 5-1-30　勾选晋级内容

（十三）领星管理（颁发相应星）

点击"学生评价"→"领星管理"，选择金银铜星的类型，勾选一条或多条待领取记录，点击"领取"，填写领取内容，点击"确定"即可，如图 5-1-31、图 5-1-32 所示。

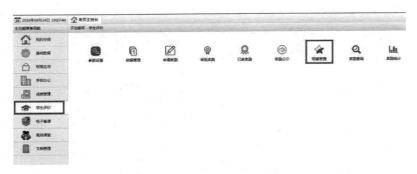

图 5-1-31 点击"学生评价"→"领星管理"

图 5-1-32 填写领取内容

五、360°学生评价系统移动端操作过程

为了进一步提高师生、家长使用360°学生评价系统的积极性,更加便捷地开展申星、批星、统星、颁星等一系列操作,学校自主研发了移动端的评价操作系统。在"钉钉"平台,建立"简道云"通道,构建360°学生评价路径,实现了评价团队可时时为学生申星、批星等快捷操作,大大提高了评价效率,让学生更快捷地感受到获得肯定的快乐。

移动端360°学生评价操作界面如图5-1-33所示。

图 5-1-33　移动端 360°学生评价操作界面

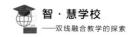

| 第二节 |

360°教师评价系统

一、360°教师评价概述

为贯彻落实中共中央国务院《深化新时代教育评价改革总体方案》,扎实推进王志勤校长主持的省"十三五"课题"互联网＋教育背景下教师信息素养提升的行动研究"(FJJKXB20-977)可持续研究,演武小学自主研发360°教师评价系统,研发小组以《深化新时代教育评价改革总体方案》为指导纲领,仔细研读省、市、区级绩效考核、职称职务评价标准,制定学校绩效考核方案,开发演武小学360°教师专业发展评价系统;系统记录教师入职以来的人事档案与专业成长路径,对教师每学年的师德、德育工作、教学能力、教科研成果、指导教师与学生等进行全面考核,建立数据说话的教师专业发展自画像,以实际数据评价教师(信息)素养水平,适时跟踪调整全校教师信息素养的培养路径,逐步形成过程性为主的评价与奖惩、评价与任用相结合的教师专业成长增值评价与综合评价,进一步对教师专业成长进行精细化管理,从而为教师赋能,同时为学校教育教学绩效、评优评先、专业发展培训与职称评聘量化等服务;提高教师评价的科学性、专业性、客观性。目前,教师专业发展评价系统已在演武小学实施了两年时间,能够实现轻松高效进行教师专业发展多元记录与评价,全体教师反应良好。

二、360°教师评价系统功能

360°教师评价系统功能名称、功能描述、设计意图(解决问题)见表5-2-1。

表 5-2-1 360°教师评价系统功能列表

名称	功能描述	设计意图或解决问题
绩效测算统计	通过后台字典和系数加工计算自动得出学期绩效情况	自动计算减少测算工作量和错误率,实时公示以达到激励效果
专业成长评价统计	通过后台字典和专业发展系数加工计算自动得出评价统计	自动计算减少测算工作量和错误率,生成教师专业发展自画像
专业发展明细查询	查询个人专业发展数据明细	数据和佐证材料归档
教师教学成果统计	生成各类教师教学成果统计报表	实时统计自动生成报表,减少人工统计工作量,增加准确性,提升效率
学校教学成果统计	生成校级各类教师教学成果统计报表	实时统计自动生成报表,减少人工统计工作量,增加准确性,提升效率
论文或著作	登记教师论文或著作发表及获奖情况	通过教师申报、部门审批,形成流程,将相关数据进行存档,同时用于生成各类统计报表
教育教学成果	登记专业技能比赛、公开课、跨校带教、送教、讲座情况	
课题研究	登记课题研究申报结题情况	
指导学生获奖	登记教师指导学生参赛获奖情况	
指导教师获奖	登记教师指导教师参赛获奖情况	
荣誉称号	登记教师获得荣誉称号	
教师专业发展	登记骨干教师、学科带头人、专家型教师、名师等情况	
综合专项表彰	登记教师获得的综合表彰或专项表彰情况	

三、360°教师评价系统操作手册

（一）平台首页及功能菜单

360°教师评价系统平台首页及功能菜单见图 5-2-1。

图 5-2-1　平台菜单

（二）账号及相关权限

（1）教师专业发展评价系统需使用账号登录，仅对自己有权限的数据进行增删改。

（2）教师使用个人钉钉账号登录并使用系统。

（三）基本数据管理

1.绩效指标字典管理

系统可实现对绩效指标字典进行添加、导入、导出、复制、编辑、删除、筛选显示等操作。

该字典内容根据《教职工奖励性绩效工资分配方案》、教师专业发展评价量化设定分值系数，作为后续数据计算的依据，见图 5-2-2。

2.名次字典管理

可对名次字典进行添加、导入、导出、复制、编辑、删除、筛选显示等操作。该字典内容为系统表单录入的下拉菜单字典，见图 5-2-3。

图 5-2-2　绩效指标字典管理

图 5-2-3　名次字典管理

（四）教师数据申报录入

首页提供 8 大数据录入模块，平台支持暂存功能，录入后数据将进入"待审核"状态，等待教务处审核。

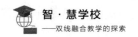

1.论文或著作

教师在系统首页点击"论文或著作",进入录入页面,根据自身论文发表情况进行填写,上传佐证材料并提交,见图 5-2-4。

图 5-2-4 教师数据申报录入

2.教育教学成果

教师在系统首页点击"教育教学成果",进入录入页面,根据自身教育教学成果情况进行填写,上传佐证材料并提交,见图 5-2-5。

教育教学成果

序号

自动生成无需填写

*项目

教育教学成果

*学期

2021202202

*02姓名

请填写完整姓名，以此作为统计依据

*02学科

*02类别

*02内容

填写完整开课课题名称或比赛名称

*02时间

如日期只到月，则填写当月的1号。

*02等级

*02主办单位

请填写完整主办单位名称（可参考盖章单位）。例如：厦门市教育局

*02获奖名次

公开课类选择"证书"，比赛类选择获奖名次

*02文件名

自动生成

暂无内容

是否与"教师信息素养"相关

请根据实际情况勾选

○ 是　○ 否

*计入绩效奖金

◉ 是　○ 否

*计入常规统计

◉ 是　○ 否

*计入质量奖统计

◉ 是　○ 否

*佐证材料

实际奖状扫描件，只得到获奖文件的暂不填报。
公开课：请上传课例教学设计
讲座：请上传讲座内容PPT
专业技能比赛：请上传获奖证书

⇧ 选择或拖拽上传文件,单个500MB以内

备注

提交

图 5-2-5 教育教学成果

3.课题研究

教师在系统首页点击"课题研究"，进入录入页面，根据自身课题研究情况进行填写，上传佐证材料并提交，见图 5-2-6。

4.指导学生获奖

教师在系统首页点击"指导学生获奖"，进入录入页面，根据自身指导学生获奖情况进行填写，上传佐证材料并提交，见图 5-2-7。

图 5-2-6　课题研究

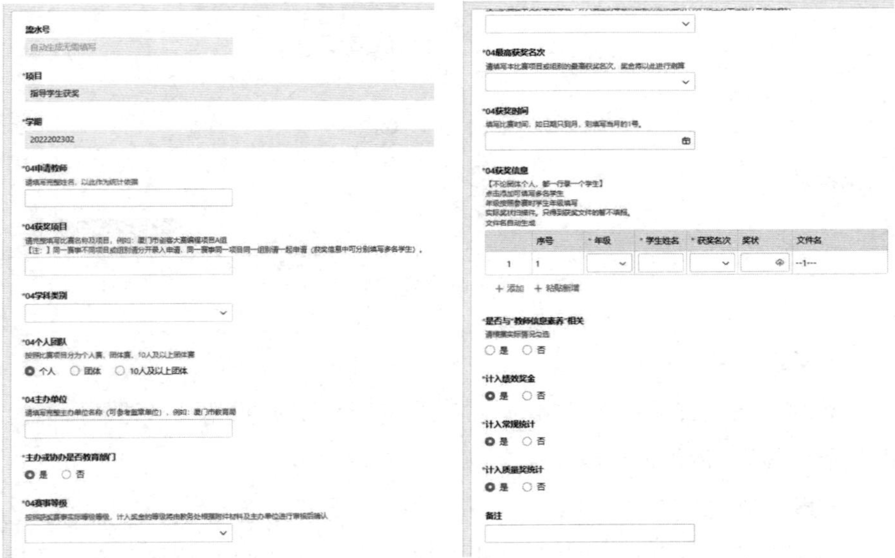

图 5-2-7　指导学生获奖

5.指导教师获奖

教师在系统首页点击"指导教师获奖"，进入录入页面，根据自身指导教师获奖情况进行填写，上传佐证材料并提交，见图5-2-8。

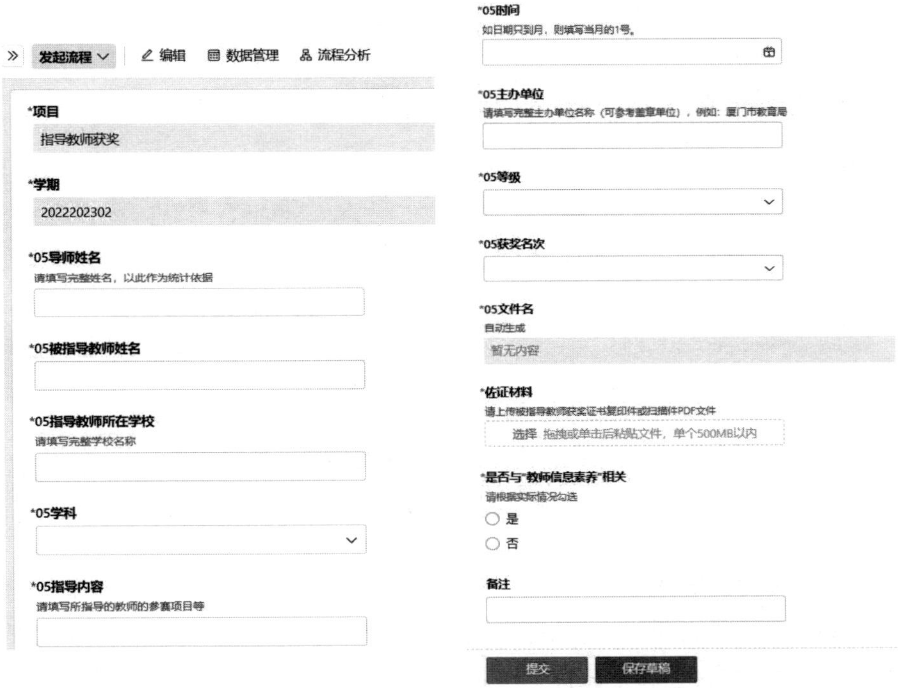

图 5-2-8　指导教师获奖

6.荣誉称号

教师在系统首页点击"荣誉称号"，进入录入页面，根据自身荣誉称号情况进行填写，上传佐证材料并提交，见图5-2-9。

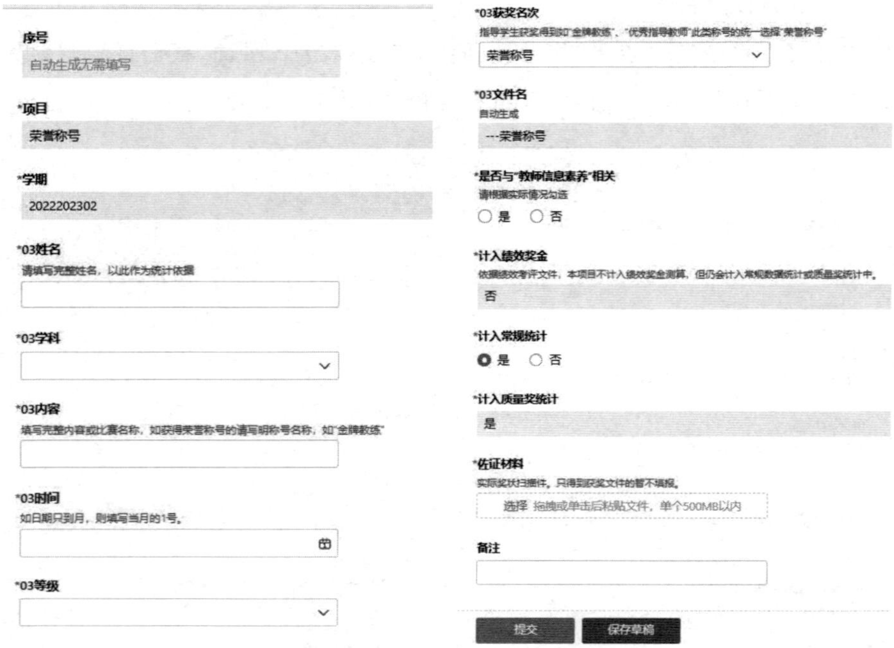

图 5-2-9　荣誉称号

7.教师专业发展

教师在系统首页点击"教师专业发展",进入录入页面,根据自身专业理论培训情况进行填写,上传佐证材料并提交,见图5-2-10。

8.综合专项表彰

教师在系统首页点击"综合专项表彰",进入录入页面,根据自身综合专项表彰情况进行填写,上传佐证材料并提交,见图5-2-11。

图 5-2-10　教师专业发展

图 5-2-11　综合专项表彰

（五）数据审核

数据录入完成后呈"待审核"状态，并且出现于审核身份的教务处"待办"事项当中，教务处人员根据分工安排，选择自己负责的项目进行审核，审核操作支持暂存、编辑、回退、通过、审批意见、流程结束或重启等操作，见图5-2-12、图 5-2-13。

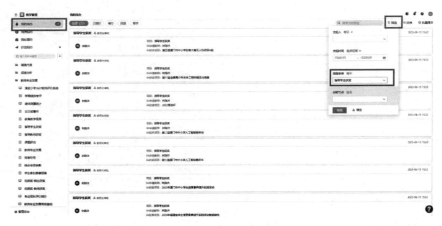

图 5-2-12　筛选项目

指导学生获奖 — 教务处审批

*流水号
658

*项目
指导学生获奖

*学期
2022202302

*04申请教师
请填写完整姓名，以此作为统计依据
林＊沐

*04获奖项目
请完整填写比赛名称及项目，例如：厦门市创客大赛编程项目A组
【注：】同一赛事不同队员或组别请分开录入申请，同一赛事同一项目同一组别请一起申请（获奖信息中可分别填写多名学生）。
第五届厦门市中小学创客大赛无人机项目A组

*04学科类别
创客

*04个人团队
按照比赛项目分为个人赛、团体赛、10人及以上团体赛
○ 个人　● 团体　○ 10人及以上团体

*04主办单位
请填写完整单位名称（可参考盖章单位），例如：厦门市教育局
厦门市教育局

*主办或协办是否教育部门
● 是　○ 否

审批意见

图 5-2-13　数据审核

（六）数据加工与计算

录入的数据经过后台事先设计好的复杂的数据工厂的加工和计算，自动生成结果数据，可用于各类统计。涉及的数据工厂包括"绩效测算"及"教师专业发展画像"，见图 5-2-14。

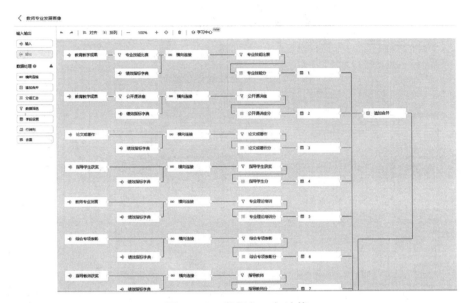

图 5-2-14　数据加工与计算

（七）结果数据统计与展示

数据工厂进行数据的加工计算后，产生的结果数据可以通过仪表盘设计进行统计和可视化分析，例如结合绩效考评方案进行绩效结果测算统计，结合教师发展评价量化指标进行专业成长评价统计，同时可以对教学成果进行梳理和统计等，见图 5-2-15、图 5-2-16。

可通过扫描图 5-2-17 二维码播放操作视频以详细演示，了解 360°教师评价系统所有功能的详细操作步骤。

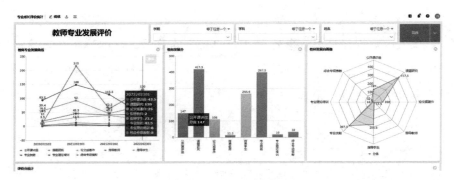

图 5-2-15　专业成长评价统计

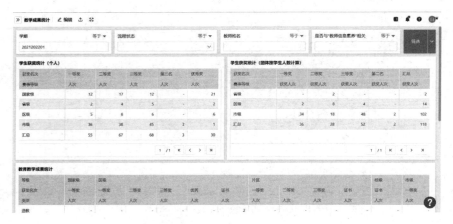

图 5-2-16　教学成果统计

图 5-2-17　教师评价系统操作视频

| 第三节 |

360°课堂评价系统

一、360°课堂评价概述

为贯彻落实中共中央、国务院《深化新时代教育评价改革总体方案》《中共中央 国务院关于全面加强新时代大中小学劳动教育的意见 》《教育部关于加强和改进新时代基础教育教研工作的意见》《教育信息化 2.0 行动计划》等文件精神,根据 2020 年底基地学校工作启动会关于学科教研基地校工作整体部署要求和《中小学综合实践活动课程指导纲要》、《义务教育信息科技课程标准(2022 年版)》、SOLO 分类评价理论等要求,学校聚焦"课堂学习评价",建立以发展学生核心素养为导向的小学信息技术学科课堂学习质量评价体系,改进结果评价,强化过程评价,探索增值评价,健全综合评价,深化评价改革,以评促学,以评导教,大力推进双线融合课堂教学评价改革,推动学校基地校建设工作。在信息技术与体育学科率先探索课堂新型评价模式。360°课堂评价系统基于大数据＋云计算＋移动互联网技术构建,记录课堂 40 分钟数据,依托 SOLO 分类理论对每个学生实际学习水平进行精准测评,确定每个学生本节课的实际学习水平层次。通过数据说话,使教师获得教学反馈信息,进而主动调整课堂教学进程,促进自身教育教学水平的不断提高,也有助于学生主动调整自己的课堂学习活动,促进以生为主体的个性化学习进程,最终达到教学过程可收集、数据可分析、评价可量化、结果可复盘。从基地校建设至今,学校信息中心已自主研发迭代升级多个版本,以下功能、操作手册及视频介绍为各学校正在使用中的校内版全学科课堂教学管理平台 V3.X 与校外版教学管理云平台 V3.X,建设中形成的

基于 SOLO 分类理论的 360°课堂评价系统易复用、易操作、易推广,已在本校体育学科、劳动学科,本市 28 所学校相关学科以及省内基地校综合实践学科进行辐射应用推广,已形成具有一定推广价值的基础教育成果。

二、360°课堂评价系统功能

360°课堂评价系统功能名称、功能描述、设计意图(解决问题)见表 5-3-1。

表 5-3-1　360°课堂评价系统功能列表

名称	功能描述	设计意图(解决问题)
课堂任务	按年级课题将任务单呈现在学生电脑上,每节课学生可根据任务单自主完成内容学习	改变原有 PPT 授课模式,将任务单电子化并自动推送到每个学生桌面
课堂展览	按学期、年级、课题将所有学生作品展示给学生,学生按需浏览(跨年级、跨班级学习)	教师浏览所有学生作品确定每节课小老师,学生随时浏览借鉴别人作品,以巩固旧知、学习新知
课堂评价	按班级浏览课堂评价得分	将原班级优化大师数据整合到平台,方便学生实时查阅自己的课堂得分
作品上传表现评价自评师评	学生将课堂作品(成果)上传,按标准给自己打作品自评分,根据课堂表现加课堂评价分,同时反馈课堂上遇到的困难;教师课后可复盘打师评分	改善以往课堂电子作品无法归类收集、复查重做、跨段学习、统筹管理等问题,并将课堂评价与作品自评量化,对课堂困难进行分析诊断有助于学生进一步学习;教师课后可盘点整节课进行个性化指导
组评	组长对本组所有作品进行评分	用数字量化评价代替传统虚化文字评价
互评	所有同学对优秀作品进行评价	用数字量化评价代替传统虚化文字评价
评价统计	对自评、组评、师评进行自动统计	使课堂教学评价更加合理、客观、科学

续表

名称	功能描述	设计意图（解决问题）
课堂诊断	数据加工后,实时按教材、课题、班级自动分析统计每个学生在SOLO分类理论下的实际学习水平层次	把脉学生学习情况,制订导优辅差安排,安排课后个性化指导工作,调整课堂及下节课教学策略与内容
电子课本	随时查阅课本,为学生课前、课中、课后学习提供便利	解决学生忘带课本的问题
学习资源	按需提供课堂学习资源	有利于学生的分层学习与个性化学习

三、360°课堂评价系统操作手册

（一）360°课堂评价系统校外版操作手册

1.基本数据管理

（1）数据字典管理（添加、导出、复制、删除、筛选显示等功能）,见图5-3-1。

图 5-3-1　数据字典管理

①课题管理。

点击"添加",按顺序选择后填写课题名称,配置好课题才可以在后续的任务单中找到相应的课题。

②问题和方法配置。

配置学生课上可能遇到的问题和解决方法,配置好后学生在评价单上才可进行相对应选项的选择。

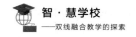

③常规加分扣分配置。

配置学生课堂常规评价的选项文字描述,分为加分项和扣分项两种,加分项如"完成任务一""回答问题"等,扣分项如"追逐打闹""上课讲话"等。建议加分项设置5个,扣分项不多于5个,避免出现负分,配置好后学生在评价单上才能进行相对应的选择。

(2)学生信息管理(图5-3-2)。

	序号	学校	年级	班	班级代码	座位号	性别	提交人	提交时间	更新时
	1019	厦门市群惠小学	2019	05	qh201905	54	男	张老师	2023-03-02 16:00:37	2023-
	1018	厦门市群惠小学	2019	05	qh201905	53	女	张老师	2023-03-02 16:00:37	2023-
	1017	厦门市群惠小学	2019	05	qh201905	52	女	张老师	2023-03-02 16:00:37	2023-
	1016	厦门市群惠小学	2019	05	qh201905	51	男	张老师	2023-03-02 16:00:37	2023-
	1015	厦门市群惠小学	2019	05	qh201905	50	女	张老师	2023-03-02 16:00:37	2023-
	1014	厦门市群惠小学	2019	05	qh201905	49	女	张老师	2023-03-02 16:00:37	2023-
	1013	厦门市群惠小学	2019	05	qh201905	48	男	张老师	2023-03-02 16:00:37	2023-
	1012	厦门市群惠小学	2019	05	qh201905	47	女	张老师	2023-03-02 16:00:37	2023-
	1011	厦门市群惠小学	2019	05	qh201905	46	男	张老师	2023-03-02 16:00:37	2023-
	1010	厦门市群惠小学	2019	05	qh201905	45	男	张老师	2023-03-02 16:00:37	2023-
	1009	厦门市群惠小学	2019	05	qh201905	44	男	张老师	2023-03-02 16:00:37	2023-

图 5-3-2　学生信息管理

下载模板,填写学生信息,其中的班级代码和辅助排序由公式自动生成,然后导入数据即可。

2.教师备课

(1)任务单管理。

点击"添加"可以为某个课题添加上课时的任务单,可上传学习资源附件,默认为"显示",上完课后可改成不显示,避免学生端信息过多,见图5-3-3。

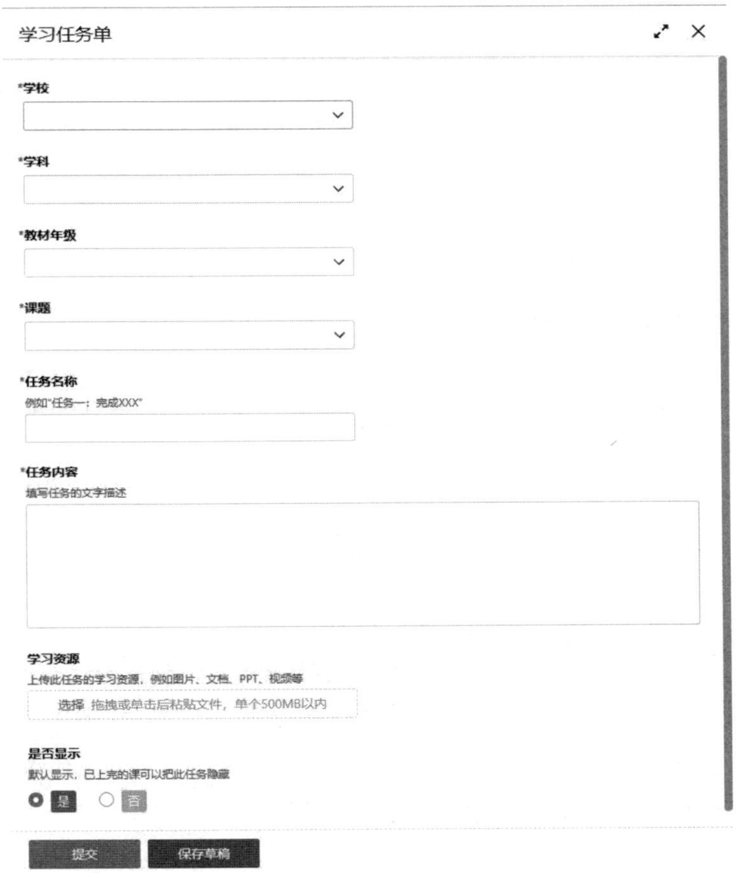

图 5-3-3 任务单管理

（2）电子课本。

在系统中，教师可以上传 PDF 格式的电子版教材。

（3）评价管理。

在系统中，教师可以看到学生提交的作品或评价的情况，包括自评、组/互评，点击某条自评记录，选择编辑，可以对学生作品或其本节课的课堂表现进行师评打分。组/互评数据也可进行增删改查，见图 5-3-4。

图 5-3-4　评价管理

（4）学习水平诊断。

后台已设置将自评、常规评价、组/互评、师评 4 个分数进行非零平均取整的计算，得出一个分数作为学习水平分，查看报表前需先确认数据是否更新，点击按钮可手动更新计算结果。

上课时可以由教师在备课端对计算数据进行手动更新，学生端即可看到最新结果。

3.学生学习平台（图 5-3-5）

完成基础数据配置和教师备课后，即可将学习平台链接或二维码提供给学生。学生即可在平台中进行此课题的学习和评价。

（1）课堂任务单。

学生上课时可用电脑或平板访问学习平台，进入任务单，选择学校、年级、课题等后即可看到本节课任务单和相应的学习资源。

图 5-3-5 学生学习平台

（2）课堂评价（图 5-3-6）。

图 5-3-6 课堂评价

学生下课前对本节课进行评价，如果是个人的就在小组成员姓名中选

择自己一个人的姓名；如果是小组的活动，可以选多人。有作品的课可以上传作品。

（3）课堂作品组/互评。

在有小组互动的课上可以进行组评或者互评，组评就是选择组长和组员，互评就是选择评分人和被评分人，见图5-3-7。

图 5-3-7　课堂作品组/互评

（4）作品展览馆。

学生可以看到所有作品和自评分，确认自己是否上传成功。

（5）电子课本。

学生可以在线查阅电子课本。

（二）360°课堂评价系统校内版操作手册

1.平台访问方式

（1）PC电脑端使用浏览器通过网址访问。

（2）移动终端（手机或平板）通过扫码访问。

2.教师操作

(1)使用电脑访问平台,点击"教师备课"。

(2)根据教学设计填写学习任务单,其中任务内容可附带链接,学习资源可上传图片、文档、PPT、视频等附件,填完后点击"提交",多个任务分多次填写即可,见图5-3-8。

图5-3-8 学习任务单

(3)课堂诊断模块(图5-3-9)。

3.学生操作

(1)课堂任务单模块。

学生通过电脑或移动终端登录平台后点击"课堂任务单",选择自己的年级和本节课的课题,即可查看课堂任务及相关的学习资源(图片、文档、课件或微课视频),常见附件类型支持在线查看,见图5-3-10。

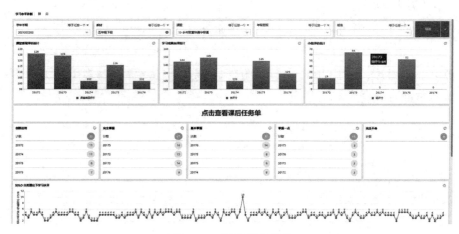

图 5-3-9　课堂诊断模块

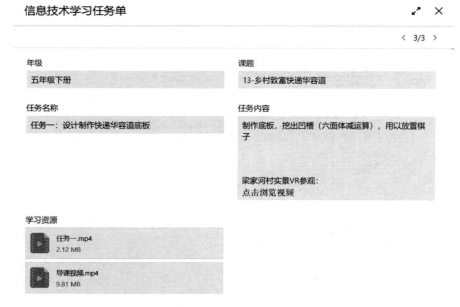

图 5-3-10　课堂任务单

（2）作品上传模块。

学生在平台首页点击"作品上传"，可以提交本节课的作品，填写表单中的信息，其中作品上传支持上传附件或拍照等，表单最后还有学生的自我评价，其中课堂评价和自评分值后台已设置自动转换为分数值，见图5-3-11。

（3）作品组评模块。

小组长访问平台首页，点击"作品组评"，填写班级、课题等基本信息，选择小组成员（多选），小组名单会自动跳出成员名单及默认分（4分），小组长调整分值后点击"提交"即可，见图5-3-12。

图 5-3-11　课堂作品上传

图 5-3-12　课堂作品组评

（4）作品展览模块。

学生访问平台首页，点击"作品展览"，可以查阅所有上传到平台上的作品，其中图片、文档、PPT、视频等常见类型可以在线查阅和下载，编程代码源文件等需要下载后用相应的软件打开，见图5-3-13。

可扫描图5-3-14所示二维码播放操作视频，演示360°课堂评价系统所有功能详细操作步骤。

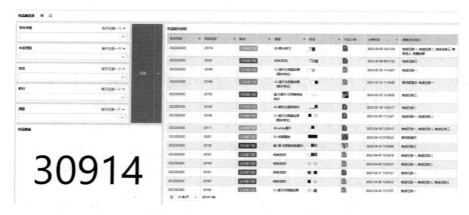

图 5-3-13　作品展览

图 5-3-14　课堂评价系统操作视频二维码

四、360°课堂评价系统配套 SOLO 分类理论的课堂学习水平标准量表

在福建省义务教育课程教学指导委员会的帮助与指导下,我们在 360°课堂评价系统中引入 SOLO 理论来观察过程性评价导向的课堂教学。SOLO是英文"structure of the observed learning outcome"首字母的缩写,意为"可观察到的学习结果的结构",是一种以等级描述为特征,重视实践,关注学习过程和质量的质性评价方法。SOLO 分类理论是由澳大利亚著名的教育心理学家彼格斯与科里斯提出的。使用 SOLO 分类理论可以为教师全面了解学生的学习情况提供质量评价,基地校通过课堂教学管理平台高效

收集课堂中每个学生参与 40 分钟课堂所有活动的过程性数据（自评、互评、师评、课堂评价等），进而根据 SOLO 分类理论分析每个学生课堂学习的实际水平层次，根据学生实际所处的水平层次，结合课堂存在问题，进行个体内容指导、群体策略改变，调整下次课的教学进度、教学过程、教学方法等。

（一）360° 课堂评价系统第一版课堂学习水平标准量表

2021 年初，根据学生在课堂学习过程中所处层次（学习状态、能力、思维操作、一致性与收敛、应答结构等维度），我们把学生的水平层次划分为五个等级 SOLO 分类理论对应为创新应用、完全掌握、基本掌握、掌握一点、完全不会五个等级，具体等级与具体课堂学习情况、要素、课堂得分相关，初次迭代后更新课堂评价量表见表 5-3-2。

表 5-3-2 课堂评价量表

水平层次	水平层次（学生可理解）	学习情况	要素	课堂表现	自评	组评
前点结构水平 p	完全不会	停留在原有知识水平状态，没有发展	根据不同课型教学内容细分要素，转为分级任务单；依托平台收集每节课自评、互评、师评、课堂评价等作为学习质量评价要素	加分项：①举手答问、作品创新②任务一完成③任务二完成④任务三完成⑤帮助他人每项加 1 分减分项：①不文明行为②桌椅摆放不整齐、追跑打闹③上课走神每项减 1 分	任务都没完成（1分）	课堂表现不好，任务都没完成（1分）
单点结构水平 u	掌握一点	能够用一种信息技术手段解决问题			完成一个任务（2分）	课堂表现稍差，完成 1 个任务（2分）
多点结构水平 m	基本掌握	能够用多种信息技术手段解决问题			完成两个任务（3分）	课堂表现一般，完成 2 个任务（3分）
关联结构水平 r	完全掌握	能够综合应用多种关联的信息技术解决一类问题			完成三个任务（4分）	课堂表现很好，完成两三个任务（4分）

续表

水平层次	水平层次（学生可理解）	学习情况	要素	课堂表现	自评	组评
抽象扩展结构水平 e	创新应用	能够将所学到的解决问题方式迁移拓展到其他问题的解决上			任务都完成且有创新（5分）	课堂表现非常好，任务都完成且有创新（5分）

教师首先根据教学内容的要求，确定课堂任务单，创设教学情境，让所有学生参与到具体环境中，并以一种积极的方式完成任务，同时积极引导学生迁移已有知识经验；其次以适应（或略高）学生水平进行教学，根据实际课堂数据评估学生在课堂教学设计实践中所表现出的实际表现水平；为了达成用数据评估教学的目标，设计评价维度表，将自评、互评、组评、师评、课堂评价等数据划分为 p（前点结构水平），u（单点结构水平），m（多点结构水平），r（关联结构水平），e（抽象扩展结构水平）五个层次，具体见表 5-3-3。

表 5-3-3　评价维度表

学生姓名	评价指标									
	课堂过程评价	任务完成水平评价				课堂学习水平评价				
	加分项减分项	自评	组评	互评	师评	前点	单点	多点	关联	扩展
	1～6分	1～5分	1～5分			p	u	m	r	e
陈某睿										
刘某芝										
王某瑾										
郑某晨										

（二）360°课堂评价系统第二版课堂学习水平标准量表

2022 年 4 月，信息科技新课标颁布，在信息科技核心素养指引下（信息意识、计算思维、数字化学习与创新、信息社会责任），我们重新梳理了信息科技课堂学习水平评价量表，见表 5-3-4。

表 5-3-4　信息科技课堂学习水平评价量表

核心素养	评价内容	评价等级					过程性评价		
		抽象扩展结构水平：创新应用（5分）	关联结构水平：完全掌握（4分）	多点结构水平：基本掌握（3分）	单点结构水平：掌握一点（2分）	前点结构水平：完全不会（1分）	自我评价	同伴评价	教师评价
		能够将所学到的解决问题方法举一反三迁移应用	能够综合应用多种关联的信息科技解决一类问题	能够用多种信息科技手段解决问题	能够用一种信息科技手段解决问题	停留在原有知识水平状态，没有提升			
信息意识	获取信息								
	评价信息								
	处理信息								
	表达信息								
	共享信息								
计算思维	分解任务								
	表达策略								
	解决问题								
	评估与优化								

续表

核心素养	评价内容	评价等级					过程性评价		
		抽象扩展结构水平：创新应用（5分）能够将所学到的解决问题方法举一反三迁移应用	关联结构水平：完全掌握（4分）能够综合应用多种关联的信息科技解决一类问题	多点结构水平：基本掌握（3分）能够用多种信息科技手段解决问题	单点结构水平：掌握一点（2分）能够用一种信息科技手段解决问题	前点结构水平：完全不会（1分）停留在原有知识水平状态，没有提升	自我评价	同伴评价	教师评价
数字化学习与创新	运用数字化工具								
	管理数字化资源								
	实施数字化学习								
	完成数字化创新								
信息社会责任	信息安全意识与能力								
	遵守信息法律法规								
	良好的信息道德与伦理								
	自主可控国产意识								

（三）360°课堂评价系统最新版课堂学习水平标准量表

为更好地实施全学科核心素养导向下的学业质量评价，2023年我们继续迭代更新课堂评价学习水平量表。目前已实现了教师在备课时梳理录入本课核心素养，平台即可依据课堂核心素养特征表现诊断课堂学业质量，见表5-3-5至表5-3-7。

表 5-3-5　最新版 SOLO 分类理论下单元核心素养评价量表

水平层次	等级	本课核心素养	要素	课堂表现	核心素养表现特征自评	核心素养及课堂表现组评
前点结构水平 p	完全不会	停留在原有水平状态,没有发展	根据不同课型教学内容细分要素转为分级任务单;依托平台收集每节课自评、互评、师评、课堂评价等作为学习质量评价要素	加分项:①举手答问②作品创新③任务完成④帮助他人每项加 1 分减分项:①不文明行为②追跑打闹③上课走神每项减 1 分最高 5 分最低 1 分	核心素养表现特征均未达成(1分)	课堂表现不好,目标任务都没完成(1分)
单点结构水平 u	掌握一点	解决问题或完成任务很吃力			核心素养表现特征达成一点(2分)	课堂表现稍差,目标任务达成一点(2分)
多点结构水平 m	基本掌握	能够用已有知识解决部分问题或完成部分任务			核心素养表现特征基本达成(3分)	课堂表现一般,目标任务基本达成(3分)
关联结构水平 r	完全掌握	能够用已有知识轻松解决所有问题或完成所有任务			核心素养表现特征全部达成(4分)	课堂表现很好,目标任务全部达成(4分)
抽象扩展结构水平 e	创新应用	能够用已有知识解决所有问题或完成所有任务,并迁移应用深化问题(任务)解决			核心素养表现特征达到创新应用(5分)	课堂表现非常好,目标任务全部达成且有创新(5分)

表 5-3-6　四年级"数据与编码"第一课

课题	核心素养	核心素养表现特征	评价等级					评价主体		
			5	4	3	2	1	自评	互评	师评
01—数字编码初体验	信息意识	①理解计算机中用 0,1 存储数据②通过身边的真实案例,知道如何使用编码建立数据间的内在联系③了解编码长度与所包含信息量之间的关系④理解数据编码是保持信息社会组织与秩序的科学基础⑤初步了解运用数字、字母或文字编码制定编码规则								

续表

课题	核心素养	核心素养表现特征	评价等级					评价主体		
			5	4	3	2	1	自评	互评	师评
01—数字编码初体验	计算思维	①通过核酸检测案例,感受身边无所不在的数据 ②理解单元大概念数据及数据编码 ③体会编码在生活中的应用 ④认识编码规则、编码的目的和意义 ⑤学会编码								
	数字化学习与创新	能够运用学生学习平台进行客观公正的自评、互评、组评								

表 5-3-7　四年级"数据与编码"第二课

课题	核心素养	核心素养表现特征	评价等级					评价主体		
			5	4	3	2	1	自评	互评	师评
最美诗歌美美与共	信息意识	①再次体验二维码编码解码的原理 ②知道编码和解码是数据存储和传输的必需步骤 ③懂得识别学习生活中无所不在的二维码								
	计算思维	①具备真实问题拆解思维,理解用二维码对最美诗歌数据进行编码 ②理解数据编码和解码是信息存储和传输的必需步骤								
	数字化学习与创新	①会用 WPS(草料或其他工具)生成诗歌二维码 ②会用扫一扫功能解码二维码数据 ③会保存诗歌二维码及数据 ④能够运用学生学习平台进行客观公正的自评、互评、组评								
	信息社会责任	①懂得"知美、爱美、审美、赏美" ②扫码须谨慎,注意保护个人财产及数据安全 ③懂得保障数据传输过程中的隐私安全								

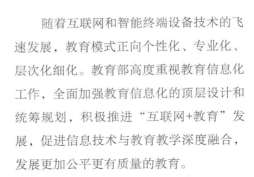

第六章

走向未来：

总结与展望

随着互联网和智能终端设备技术的飞速发展，教育模式正向个性化、专业化、层次化细化。教育部高度重视教育信息化工作，全面加强教育信息化的顶层设计和统筹规划，积极推进"互联网+教育"发展，促进信息技术与教育教学深度融合，发展更加公平更有质量的教育。

在这一背景下，智慧学校已经成为未来教育发展的趋势。未来学校建设改变了传统的硬件建设模式，取而代之的是以应用研究为本的新模式。物联网、大数据、人工智能、虚拟现实等前沿技术正在深度参与课堂教育教学的融合创新。

演武小学也将立足于将信息化、网络化、智能化等技术与教育教学、学生发展等领域相连接，为学生的成长提供更多元、更实用、更具创新和时代性的支持。

| 第一节 |

深化融合，推进智慧学校建设

随着 AI 时代的来临，人工智能助力下的教育变得再无边界，时空限制被打破，终身学习成为常态。未来智慧学校建设的核心在于真正实现技术与人文的有机融合，在拓展校园网覆盖面、构建互动交流平台、优化信息化应用环境、建立课程资源共建共享机制等方面做出努力，聚焦终身学习、科技创新、自主发展等方面，紧贴社会需求，助力教育的发展，实现教育与人力资源的全面升级。唯有如此，才能真正支持学生的全面发展和素质教育的实现。针对智慧学校建设的未来发展方向，我们可以从以下几个方面着手：

一、数据安全与保障

随着信息技术的高速发展，数据已经成为各个领域中不可或缺的资源。在智慧学校建设中，数据的保障与管理也尤为关键。因此，未来的智慧学校需要在数据安全与保障方面做出更为细致的设计，包括建立相应的数据安全保密机制、完善数据备份与恢复机制、利用简道云平台加强对教师和学生数据的使用和管理等。

二、资源整合与共享

智慧学校是一个包含多种资源的综合体系，涵盖了教学、管理、科研和服务等多个方面。因此，在未来的发展中，我们需要注重资源的整合和共享。通过整合各类校内外资源，将其有机地结合起来，可以更好地促进教育教学的质量提升，满足师生多元化的需求。

三、多元化学科教学

未来的智慧学校建设需实现多元化的学科教学,并倡导以学生为主体的教学方式。通过结合新技术、新方法、新思维,探索多种教学方式,满足师生多元化的需求,推动创新教育和素质教育的发展,建立符合未来产业发展需求的新型人才培养模式。

四、数字化教育生态

通过数字化平台,将学生、教师、家长和学校管理者紧密联系起来,形成一个整合的学习社区。教育管理者和教育工作者利用科技手段,建立基于数字化的教育生态系统,以方便掌握学生的学情、偏好和特长,深刻了解学生的竞争力和潜力,进而为学生提供针对性更强的教育和个性化的学习。

未来的智慧学校建设需要不断地跟进技术发展动态,不断完善智慧学校的教育教学模式和管理机制,为学生提供更加优质、个性化的教育服务,推动教育事业的长足进步和发展。相信通过演武小学师生们的不断努力和探索,智慧学校的未来发展将越来越好。

| 第二节 |

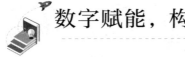

数字赋能,构建智慧化教学管理新格局

近十余年来,随着数字工具的不断迭代升级,依托数字赋能,优化学校办学管理,早已有所成效。随着基础教育改革的开启和推进,当下学校办学中存在的困扰也有所显露:数字教学管理平台及工具烦琐,使用低效化的问题;现有的教师、学生评价模式失准的问题;跨区域学校均衡发展有待改善的问题等。借力数字赋能，突破传统学校办学中的诸多瓶颈，逐渐成为下一阶段智慧化办学实践的新方向。

一、平台统整，优化教育教学管理路径

近年来，随着数字技术的发展，"线上＋线下"融合式教育教学管理成为学校办学的一大趋势。但在具体的办学实施中，为了发挥不同平台、系统、工具的优势，学校往往需要繁复地添置和运用多种教学管理系统，进而面临着"多平台、多系统、多路径"的难题。如何有效地统整教育教学管理平台，通过优化接口、升级插件等手段，让多样化的工具实现跨平台运用，提升学校的教育教学管理效能，将是下一阶段数字化办学实践探索的重要方向。

二、工具运用，推动教育教学减负增效

2020 年以来，中共中央、国务院陆续印发《深化新时代教育评价改革总体方案》《关于进一步减轻义务教育阶段学生作业负担和校外培训负担的意见》，对学校教育教学提出全新要求。在具体的学校教学管理中，如何真实有效地诊断教师的课堂教学，评价教师专业成长；考查学生学业水平，评估学生的核心素养，实现教育的"减负增效"，是近年来教育教学改革必须考虑的重要内容。随着数字技术的发展，智能化工具迭代更新，积极引入课堂观察、智能作业、智能评价等新型数字工具，将之广泛运用于教师教学设计、教学实施、教学评价三大教学场域之中，可以突破传统的课堂教学冗繁，教研泛化，作业布置、批改低效等问题，在减轻教师、学生课业负担的同时，让教育质量得到进一步提升。

三、线上联动，助力区域办学高质量发展

近年来，随着教育优质均衡愿景的提出，区域"一体化"办学逐渐成为教

育发展的趋势,"小片区学校管理""教育共同体"等联盟性质的学校集团随之逐步发展和成熟起来。在传统的集团化办学中,受地域、资源、办学底蕴的限制,各校很难真正实现均衡发展。随着数字技术的逐步成熟,将"线上＋线下"的管理模式运用于多所学校的协同发展中,通过搭设区域办学管理平台、教育教学资源库等形式,促进学校的协同化管理,促进教学资源的互助共享、教师的协同教研等,无疑为优化区域办学路径带来了有效的助力。

| 第三节 |

数智时代背景下的教师专业发展

一、构建新型学习生态环境,助力教师立体成长

教师是教育发展之本,要引领演武教育走向优质教育,着力点即演武教师队伍素质的整体提升。为了全体教师专业的可持续发展,学校加强层级管理,经过不断完善与修订,构建出了适合演武教师的"四格三环五阶梯"教师专业发展机制。"四格"即入职 1～3 年新教师的"入格"培养,青年教师的"升格"培养,优秀骨干教师的"塑格"培养,以及各级名师的"化格"培养。在教师专业发展的培养和培训机制上,运用不同的路径,拓宽"三环"道路,即外环——教育教学基本功、中环——教育教学方法与策略、内环——教育教学思想,有助于教师掌握专业发展思想,提高专业能力。通过这样的统一性发展目标和专业发展的个性化目标,达到"人人发展,各有提升"的目的。学校组建"骨干引领、学科联动、团队互助、整体提升"的研修共同体,为这些"四格"教师创设多级发展平台。

其中,"演武杯"是演武小学校坚持了 27 年的传统教育信息化竞赛项目,通过基于课例、论文、课件(微课)三足鼎立的校级教师信息素养赛事,成

为教师信息化素养的练兵场和竞技场；"演武杯"强调现代信息技术在课堂教学中发挥的作用，激励教师提高课堂效率，促进学生发展。从早期的借助平面媒体的展示功能辅助教学，到现在运用电子白板、网络技术、移动终端创设学习平台，"演武杯"这一传统赛事焕发新的生机；通过优质资源库的建设与推广应用，微课堂教学功能的发挥，网络互动评价形式的改进，电子书包的推广运用，大数据的分析，来打造个性化学习……近年来，为适应信息技术发展的新形势，我们将竞赛项目进行了改进，以微课竞赛替代课件比赛，在减负背景下，我们加入了作业设计项目，这些对教师的信息化素养提出更高要求。我们还将集体备课、评课议课、作品推优的形式从线下移到线上，发挥了同年级协同研究的集体智慧，也保证了群体评课的整体参与度，同时减少了同水平重复的低效评课，使评课活动更加公正、公平、高效。借助课题研究，我们已将演武杯成果进一步数字化，并纳入智慧学校平台建设内容，进一步打造"演武杯"品牌。

同时，学校研发了"演武小学 360°教师评价系统"，以实际数据评价每位教师的综合素养水平，逐步形成奖惩、评价与任用相结合的教师专业成长增值评价与综合评价，进一步对教师专业成长进行精细化管理，从而为教师赋能，帮助教师多方位立体成长。

二、课题引领研修共同体，促进教师信息素养提升

由王志勤校长领衔的学校核心课题、省级课题"基于混合式教学模式的研究"与学校的省教改课题遥相呼应，同时作为全校性的核心课题，也辐射到各学科微型课题的建构中，形成了以核心课题引领校级课题开展的向下辐射模式，有力地支撑了教改课题的开展，使之成为全校性的教改课题，使全校师生受益。

学校建立了多元课题研究机制，从省级课题到区校级微型课题，形成阶梯式结构，从综合性的学校课题到个体化的微型课题形成不同主体的多元模式。我们借用省级课题、区级课题的管理方式，从课堂的申报，开题，到结

题汇报,我们不但实现了材料云存储,而且开题、结题活动将现场汇报与线上投票相结合,提高了教师对校级课题的参与度。

三、依托多元信息化培训,激发教师专业自觉

新时代教师专业发展的意义在于激发教师专业自觉,使教师成为自主、自为、自觉的专业学习者。我们探索教师网络研修的路径和成效,远程教研的可行性,区域教研一体化的实施路径等,致力于打造教师线上教研的新天地。

教师信息化技能培训是课题落地的重要方式。在传统的线下培训基础上,融合信息技术,结合线上培训是教师研修的合力之举。学校针对新近教育教学发展的需求,选择了电子书包平台、交互式电子白板的课堂应用、微课制作、一体机的使用培训,以及录播系统的使用、直播课堂的应用、阅卷系统的使用等一系列培训内容。通过信息化技能的锤炼,教师在课堂上能够灵活选择合适的信息技术手段作为教学工具或平台,将线上与线下教学有机融合,探索出多种融合应用方式,有效提高课堂效应。

教师是教改课题的实施者,教师的能力提升直接影响着教改课题的实施效果。学校通过课题引领,带动教师接纳新生事物;通过信息技术专项培训,提升教师线上教学的水平;通过搭建网络研究共同体,促进全校教师卷入式发展;通过"演武杯"赛事磨炼,检验教师的信息化应用水平;通过科学高效的线上评价机制,激励教师主动参与课题研修。双线融合教学研究开展以来,教师的专业发展得到明显进步。能够开展线上教学的教师比例超过90%,教师开设的线上线下混合式教学课例总数超过两百节。

具有专业自觉的教师对自身的职业生涯有着明确的目标,并愿意为之付出努力。未来,我们将进一步根据教师的真实需求嵌入教师实际的工作场域,促使其反思自己的教育教学,从而实现定制化、个性化、实践化的学习。

四、以时代变革为挑战，培养未来智慧型教师

步入信息时代，数字技术的发展为教育教学带来了新的变革和挑战。尤其是人工智能对教师职业产生了一定的冲击。面对这些挑战，教师依然是教育教学的关键主体，具有不可替代性，教师在师生交往中的思想主导性、情感感召力、德性智慧是培养完整的人的关键要素，也是人工智能无法替代的。因此，我们致力于培养未来智慧型教师，培养教师成为技术赋能教学的新技术应用者与创新者。

基于此，演武小学提出了数字环境下的"学·思·行"课堂教学，其与传统课堂教学相比，有了新的内涵和实施路径。数字环境下的"学·思·行"课堂，是借助数字技术，创设真实情境，让学生全身心地沉浸学习。在情境任务的驱动下，通过感悟、思维、交互、探究等一系列主动行为，掌握学科核心知识，发展思维，形成思想，并迁移运用，形成可供观察和评测的学习成果，进而发展核心素养，形成解决实际问题的能力。

| 第四节 |

智慧赋能学生个性化发展

演武小学校园文化以"养正开新"为核心，意在对孩子进行养正教育，同时倡导教育不断革新，持续培养有创新意识和创新能力的少年儿童。基于学生发展目标，学校积极智慧赋能，通过数字化手段和方式培养具有"养正""开新"演武气质的学生。

未来，学生数字素养与技能是数字时代学生发展的必备素养。数字化教育对学生综合素质培养和个性化发展有着重要的作用。数字化教育帮助学生养成良好的学习习惯、生活习惯和思维习惯，这些习惯养成有利于学校

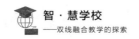

达成养正体、养正行、养正思的"养正"目标。同时，数字化教育可提升学生的创新能力、信息素养、团队协作能力等，促进学生开新知、开新力、开新思，达到学生发展的"开新"目标。

一、多层培育数字素养

演武小学学生工作坚持自主发展与协同发展相结合，加强家校沟通，充分发挥优质家长资源、社会资源，做好家校社联动，进一步完善三位一体的育人模式，合力培养学生的数字素养。

（一）学校层面

（1）数字化融入学生日常管理，如：导护师、学生督导员利用平板电脑时时督导和录入，形成后台评比数据。

（2）数字化融入学生活动组织，如：少先队部通过各级数字平台发布主题活动信息，组织线上、线下学生主题活动，实现全员和分段活动的灵活切换。

（3）数字化融入学生360°评价，如：德育处通过360°学生评价体系，统整纸质学生手册、电脑端和移动端评价平台，让评价时时发生，形成可感、可视的学生成长数据图谱。

（二）家庭层面

学校建立多个数字化家校沟通平台，打造顺畅的家校联系渠道，把家庭评价纳入学校评价组成，让学校360°学生评价体系成为家庭学生评价的抓手。同时，特色"家长讲坛"活动持续、深入开展，通过信息技术形成家长资源库、家长课程资源库，充分发挥优质家长资源优势，让班级家长课程的教育价值，扩大到年级、校级，有方向有主题地助力更多学生成长。

（三）社会层面

学校积极与社区共建联动，借助社区资源带领学生走出校园，感受数字化教育的先进体验。如：走进厦门市禁毒基地，通过"深渊"模拟、电子游戏闯关，引导学生认识毒品种类，让学生意识到抵制毒品的重要性；走进海洋三所，探究海洋生物，近距离接触科学前沿；走进厦门大学信息学院，感受神奇的人工智能。

二、多元发展创造思维

演武小学的学生工作坚持全面发展与特色发展相结合，围绕学生成长需要，立足学生立场，开展丰富多彩的学生活动。学校重视节日文化，全年以"科技节""体育节""艺术节""读书节"等为主线，突出活动的整体性、系列性，注重人人参与、生动有效。在活动中，利用数智赋能，让活动形式多元、内容多元、成效多元。如：利用电子书包开展数学游园活动，学生在电子书包资源库中抽题闯关，激发数学思维；艺术节活动中，通过优芽公司网络平台，为学生提供电子版校园卡通人物"小文""小武"形象及校园电子场景，鼓励学生进行脚本设计和动画创作，激发学生创造思维；人工智能周开展各式各样的信息学科活动，如：无人机操控赛、电子小车障碍赛、机器人舞蹈编程赛等，进一步树学生自信、扬学生特长、展学生风采。

三、多维打造创新人才

教育需回归学生个体，学校、老师、家长多维度为学生发展创造环境，充分发掘学生的优势潜能，深度打造未来创新人才。如，学校维度，通过顶层构建，让校园文化理念深入学生内心世界，营造积极向上、开拓创新的育人氛围；课程维度，开发满足学生成长需求的课程体系，利用学校作为福建省信息学科基地校优势，丰富课程育人载体，为学生筑牢知识与技能的根基；教师维度，不断提升教师育人水平、家校沟通能力，借助数字平台和信息化教学手段为学生发展持续赋能；学生维度，提升数字化激励机制，开展精彩纷呈的学生活动，赋予学生成长仪式感。未来，演武小学期待通过多维教育共力，在实践中不断激发学生的主体能动性，促进学生数字素养的多元化、个性化发展，为未来社会培育创新型人才。

参考文献

[1]彼格斯,科利斯.学习质量评价:SOLO 分类理论(可观察的学习成果结构)[M].北京:人民教育出版社,2010.

[2]陈红梅.小学语文童话教学研究[D].上海:华东师范大学,2009.

[3]程小妹.浅析"互联网＋"背景下多媒体技术对小学数学教学的利与弊[J].才智,2019(2):179.

[4]丁建虎."互联网＋课堂"下的手机 APP 辅助教学[J].中小学电教:下半月,2019(4):16-17.

[5]冯晓英,王瑞雪."互联网＋"时代核心目标导向的混合式学习设计模式[J].中国远程教育,2019(7):19-26,92-93.

[6]何克抗.从 Blending Learning 看教育技术理论的新发展(上)[J].电化教育研究,2004(3):1-6.

[7]何克抗.建构主义——革新传统教学的理论基础(上)[J].电化教育研究,1997(3):7.

[8]何克抗.信息技术与课程深层次整合的理论与方法[J].中国大学教学,2005(5):43-48.

[9]李文清,姚恒朋.小学生语文学习兴趣培养的实践性探索[J].中国教育技术装备,2010(31):40-41.

[10]刘月霞 郭华.深度学习:走向核心素养[M].北京:教育科学出版社,2018.

[11]施茂枝.先写后教的异相与原理[J].语文建设,2013(10):22-24,28.

［12］施茂枝.语文教学:学科逻辑与心理逻辑［M］.北京:教育科学出版社,2013.

［13］谭永平.混合式教学模式的基本特征及实施策略［J］.中国职业技术教育,2018(32):5-9.

［14］王嘉颖.浅谈小学语文交互式课堂中的学生角色扮演［J］.生活教育,2015(20):26-29.

［15］辛涛,姜宇,王烨辉,等.基于学生核心素养的课程体系建构［J］.基础教育论坛,2016(9):34-37.

［16］徐丽萍.建构主义理论下线上线下混合式教学模式研究［J］.湖北开放职业学院学报,2022,35(12):161-162,172.

［17］张向众,叶澜."新基础教育"研究手册［M］.福州:福建教育出版社,2015.

［18］余胜泉.网络教学支撑系统的研究与实现［D］.北京师范大学,2000.

［19］郁晓华,祝智庭.电子书包作为云端个人学习环境的设计研究［J］.电化教育研究,2012(7):69-75.

［20］张迪梅."电子书包"的发展现状及推进策略［J］.中国电化教育,2011(9):87-89.

［21］张友.教育信息化 2.0 时代的高校混合式教学研究［J］.佳木斯职业学院学报,2019(9):129-130.

［22］张云鹰.开放式习作教学［M］.北京:教育科学出版社,2008.

后 记

一转眼,调任厦门市演武小学校长八年有余,我和我的团队在信息化助力教育高质量发展的道路上孜孜以求,不断探索,逐步形成了学校信息化建设的理念和特色。《智·慧学校——双线融合教学的探索》一书即将付梓,希望我们的探索和思考能给基础教育界同仁带来思索和行动的教育力量。

《智·慧学校——双线融合教学的探索》一书,从历史出发,向未来走去,找到了双线融合教学助力智慧学校建设、有力提升学生核心素养的最佳路径。本书是我们近十年"养正开新"教育理念探索的主要成果之一,也是我们近十年"养正开新"教育行动的智慧结晶,是一项实实在在的集体劳动成果。

作为省级课题"基于混合式教学模式的研究"(闽教电馆立项号FJDJ1852)、福建省教育科学"十三五"规划课题"互联网+教育背景下教师信息素养提升的行动研究"(立项批准号 FJJKXB20-977)和厦门市首批名校(园)长工作室课题"借助'线上''线下'教学融合,探索课堂教学的深度学习"(课题批准号:XMMX2020014)的主持人,本人承担了课题的整体策划及实践推进工作。饶洁、林陈沐、庄少芸、陈旭、黄祎、卢馨、刘馨、林绌蓝、吴海燕、戴瑶瑶,作为课题组的核心成员,参与了课题的主要研究,他们倾注心力,奉献智慧。尤其是饶洁和林陈沐两位主力成员,冲锋在前,勇于担当。还要感谢江雪桢、陈诗卉、王艳、林晓聪、王毅超、郭翔、李婕、刘颖、陈雅萍、虞佳鸿、庄缘、刘晓霞、谢威等老师善于总结,善于思考,助力智慧学校建设。学校的全体教职员工十年如一日地耕耘在演武教育的百花园里,紧扣时代跳动的脉搏,在教育数字化转型的阵地上科学研究、深入思考,是本书的主要劳动者。

本书所呈现的教学改革理论及实践研究成果属于全体演武人。在本书即将付梓之际,作为校长,我谨代表演武小学的教师团队,向各级领导、各位专家,向厦门大学办公室、厦门大学出版社致以最诚挚的谢意。

限于水平,本书中的错误及不足在所难免,我们渴望读者朋友们批评指正。

王志勤

2023 年 5 月 1 日